庄子传

战国时期伟大的思想家、哲学家

张文君◎编著

成都地图出版社

图书在版编目（CIP）数据

庄子传 / 张文君编著. -- 成都：成都地图出版社，
2018.4 （2023.3重印）
ISBN 978-7-5557-0895-7

Ⅰ.①庄… Ⅱ.①张… Ⅲ.①庄周（约前369-前
286）- 传记 - 青少年读物 Ⅳ.①B223.5-49

中国版本图书馆CIP数据核字(2018)第061678号

庄子传
ZHUANGZI ZHUAN

责任编辑：魏小奎
封面设计：吕宜昌

出版发行：成都地图出版社
地　　址：成都市龙泉驿区建设路2号
邮政编码：610100

印　　刷：三河市同力彩印有限公司
（如发现印装质量问题，影响阅读，请与印刷厂商联系调换）

开　　本：710mm×1000mm　1/16
印　　张：8　　　　　　　　　**字　　数：**120千字
版　　次：2018年4月第1版
印　　次：2023年3月第5次印刷
书　　号：ISBN 978-7-5557-0895-7

定　　价：35.00元

Introduction

Zhuangzi
庄子

　　庄子，姓庄，名周，字子休，宋国蒙（一说今安徽蒙城，一说今河南商丘）人。庄子的生卒年代难以确知，大约是公元前 369 年（周烈王七年）至公元前 286 年（周赧王二十九年），与孟子大致同时或稍后。因此庄子大体生活于战国中期。

　　庄子生活的时代并非天下大治的繁荣时期，当时天下分成许多小的诸侯国，且大小战争连年不断，庄子作为一个没落贵族家庭出身的知识分子，忧民感伤，只好走隐遁一途。他的生活是贫困的，曾向监河侯借过粮，并受到戏弄，还曾靠织草鞋为生。他见魏王时穿着打补丁的粗布衣服、破烂的草鞋。虽然一生贫困，但他乐天知命，安贫乐道，淡泊利禄，并且时而对统治者进行无情地嘲讽，维护了知识分子的尊严。他是精神上的贵族。

　　他一生朋友不多，门徒也很有限，官场与学界名人中惠施与他交往最深。两个人虽然在人生追求和学术思想上的分歧都很大，但是两人却有着非常深厚的友谊。

　　庄子少年时，在蒙县的一位曹老先生办的私塾中学习。20多岁的时候，开始四处远游，曾到过楚、魏、鲁、赵等地，庄子非常喜欢楚越之地。30多岁的时候，他曾在蒙邑出任漆园吏。可是没干几年他就辞官回到蒙县，与战国时期其他思想家一样从事讲学与著作。

庄子在哲学上继承发展了老子的思想，认为"道"是客观真实的存在，把"道"视为宇宙万物的本源。他说："道之真以治身，其绪余以为国家，其土苴以治天下。（《庄子·让王篇》）"意思是，大道的真髓、精华用以修身，它的余绪用以治理国家，它的糟粕用以教化天下。又说："无以人灭天，无以故灭命，无以得殉名，谨守而勿失，是谓反其真。（《庄子·秋水篇》）"意思是，不要为了人工而毁灭天然，不要为了世故去毁灭性命，不要为了贪得去身殉名利，谨守天道而不离失，这就是返璞归真。

总之，他继承了老子《道德经》中"人法地，地法天，天法道，道法自然"的精髓，在政治上主张无为而治，在人类生存方式上主张返璞归真。为此，他对世俗社会的礼、法、权、势进行了尖锐的批判，提出了"圣人不死，大盗不止""窃钩者诛，窃国者为诸侯"的精辟见解。在人类生存方式上，他崇尚自然，提倡"天地与我并生，万物与我为一"的精神境界。他认为，人生的最高境界是逍遥自得，是绝对的精神自由，而不是物质享受与虚伪的名誉。庄子这些思想和主张，对后世影响深远，是人类思想史上一笔宝贵的精神财富。

庄子对后世的影响，不仅表现在他独特的哲学思想上，而且表现在文学上。他的政治主张、哲学思想不是干巴巴的说教，而是通过一个个生动形象、机智幽默的寓言故事，通过汪洋恣肆、仪态万方的语言文字，巧妙活泼、引人入胜地表达出来，具有石破天惊、振聋发聩的艺术感染力。如果说屈原的《离骚》是中国浪漫主义诗歌的鼻祖，那么庄子的文章，无疑是中国浪漫主义散文的先河。

通过了解庄子，我们可以知道，我国的哲学思想在两千多年前的战国时期就已经达到了非常玄远、深邃的高度。

庄子的思想在今天仍有重要的现实意义。今天的物质生活越来越丰富，但问题也是层出不穷，由于人们过度追求物欲的满足和感官享受，大自然遭到严重破坏，人们的心理疾患也越发严重。庄子的"顺应自然""逍遥"等思想，能够帮助我们更好地调适内心、适应社会，获得精神上的超越和自足。

目　录 >>>>
Contents

◁ 第一章 ▷

Zhuangzi

生逢乱世

时势为天子，未必贵也；穷为匹夫，未必贱也。贵贱之分，在于行之美恶。

——〔战国〕庄子

▶ 蒙县少年

　　战国时代，正是中国古代社会大发展、大变革的阶段。当时的中国，名义上是周朝，但是周天子的权威已丧失殆尽，天下诸侯纷纷称王称霸。春秋时期有大大小小一百多个国家。到了战国时代，经过激烈的争战和兼并，诸侯国的数量大大减少，主要形成了秦、齐、楚、韩、赵、魏、燕七个大国和鲁、宋、越等小国。

　　为了争夺土地，诸侯之间不断发生战争，动辄出兵十万甚至数百万，真是血流漂杵。上古社会讲仁义、重礼乐的贵族精神，到战国时代已经基本丧失，说白了就是弱肉强食，没有什么道理好讲。生活在这个时代的人们，是没有太多幸福可言的。

　　庄周就出生在这个时代，他的生年无法考证，大约是公元前369年，与孟子同时代而略晚。庄周的祖上也是贵族，据说是楚庄王后裔。可是到他父亲这一代，家境早已没落，成了平民。

　　庄周15岁左右的时候，在蒙县的一个私塾里读书。每天放学回家时，他一路上都能看到荒芜的土地、破败的村庄。由于各国之间战争频繁，再加上执政者奢侈，青壮年男子们有的被抽去当兵，有的被征去服役，村子里剩下的大多是老人、妇女、儿童。如果是在以前的春天，大家都下地耕种，熙熙攘攘，到处都可以看到人们忙碌的身影。到休息的时候，大家一起坐到树荫下，喝水、乘凉、讲笑话，笑声总是传出很远很远。可是现在，本应是忙碌的季节，田野里却冷冷清清的，偶尔可以在好大的一块地里看见一位年迈体弱的老人在慢慢地用锄头挖那贫瘠的土地。

看到这些景象，庄周心里十分难过，同时对在私塾里所学的东西产生了怀疑，觉得它们与现实十分不相符。在私塾，先生给他们讲自古以来出现的圣人，让他们学习圣人的思想，培养他们具备圣人的品格，以备有朝一日可以辅佐君王。而圣人们都是提倡仁义道德的，要求人们怀有仁爱之心，对父母要孝，对兄弟要悌，对君上要忠，对朋友要信，诸如此类。先生还说，只有学好了这些，才能成为士人，具备做官的资格，完成治国平天下的使命。

可是现实却是另一个样子，那些诸侯哪个讲仁义？无不贪婪成性、搜掠百姓，对外发动战争，争夺霸权。那些所谓的士，的确是满腹经纶，开口孔丘墨翟，闭口尧舜文武，可是他们当了官以后，又有几个不是与那些昏庸残暴的君王们同流合污呢？仁义道德那一套东西固然好，但只是被无耻的人们用来捞取名声和利益罢了。讲仁义道德，吃亏的还不是广大老百姓吗？

庄子比一般孩子早慧，富有怀疑精神。一开始的时候，庄周还把自己的这些疑问向私塾里的先生提出来。可是，先生总是说，他传授的知识是经世治国之道，有着悠久的传统，上起尧舜禹汤，下至周公、孔子，一脉承之，这就是儒家学派。老师的言语中带有几分骄傲，希望庄周好好读书，以做一名儒家弟子为荣。

庄周轻轻地叹了口气，便不再去问了。之后，他只好一个人去查找书籍资料，来解答这些疑问。

▶ 庄周梦蝶

放学后，庄周怅然地走出私塾，来到小河边。河水清澈见底，岸边的树木郁郁葱葱，空气清新，让人心旷神怡。庄周不免惊叹，天地生养万物，这才是真正的大德啊！它从不表白自己的功劳，也不讲什么仁义道德。而那些整天拼命为自己谋求利益的人，却虚伪地大讲仁义；那些以强欺弱的人也谎称自己的行为是大仁大义的。

庄周细致地观察河边的各种小动物、各种花草。他看小虫之间如何戏耍、打架；看蚂蚁怎样合力搬运它们的食物；看蝴蝶怎样在花丛中传粉。累了，他就躺在草地上，望着蓝天出神，偶有小鸟从空中掠过。

望着小鸟消逝在远方，庄周陷入了沉思。天地之大德是"生"——使万物得以生存，而如今人类的"德行"却是"灭"——征战杀伐。人类是那么贪得无厌，为了满足他们的贪婪，他们发动了一次又一次的战争，完全不顾战争会使多少田地荒芜，多少村庄破败。如果人的活动违背了天地运行的规律，不符合天地之道，能说是正确的吗？

想着想着，在花草的香气中，庄周躺在河边草地上睡着了。

他变成了一只蝴蝶，扇动着轻盈的翅膀，在花草丛中飞舞，一会儿又飞得高高的，与别的蝴蝶一起追逐嬉戏。他飞到田野里，看到人们都在地里热火朝天地劳动；他与蜜蜂说话，与小鸟赛跑；他又飞到水面上欣赏自己美丽的倒影；他停在美丽芬芳的花朵上休息。

想去哪里就去哪里，想干什么就干什么。忽然，一阵大风铺天盖地而来，将他吹得摇摇晃晃。风势越来越猛，将他吹到地上，摔得很重很重。

他猛地睁开眼睛，发现自己躺在草地上，摔得那么重，也不觉得疼。他才想起

庄周梦蝶

来，原来自己刚才在草地上睡着了。庄周又想起刚才的梦，不知是庄周在梦中变成了蝴蝶，还是蝴蝶在梦中变成了庄周。

庄周抬头看看，这才发现天色不早了，急忙爬起来，向家里跑去。

▶ 质疑经典

章老先生据说是从鲁国修业回来的，到蒙县这种小地方来教书，是因为见识过北方几个大国的战乱，又南游楚国求官不成，觉得蒙地民风淳朴，生活安逸，这才留下来。私塾的课堂并不算大，里面只有十几个学生。凡来这里上学的孩子，目的无非是认识三千个大篆，习得一口好辩才，以后可以出任地方官。如果学问越做越大，名声越来越响，或许还能被各国的国君征辟，家人还能沾光坐上气派的马车。

比起与自己同龄、现在只能在田地里干农活的孩子，这些孩子的家境要好上许多倍，一旦从私塾毕业，他们多数人都有能力

到各国去游历，向著名的文人学者和各诸侯国君重臣展示自己的学识才华，积累自己的名声与人气，所以大家读书也就格外用功。

今天章老先生教的是《尚书》。《尚书》是上古的文献汇编，文字古奥难懂，那是出了名的。先生教书信奉"读书千遍，其义自现"，并不先行解释，大家读得莫名其妙，自然也提不起什么兴致来。庄周不喜欢钻故纸堆，他喜欢明明白白讲道理的书。《尚书》的话模棱两可，云山雾罩，有时需要连蒙带猜，不同的人有不同的解读，学者们有时会为一句话，甚至一个字打起笔墨官司。这种古书正好为章先生这样的人提供了谋生的饭碗。

阳春三月，午后申时光景，草长莺飞，柳絮飘舞，暖意融融，分外熏人。即使书中自有黄金屋和千钟粟的利诱，也禁不住想在田间撒着欢地逐蝴蝶、放风筝。偏生要在这暗沉沉的土屋中捧着厚重的竹片，念些谁也不懂的句子，委实乏闷，先生难道不懂得"春困秋乏夏打盹，睡不醒的冬三月"吗？

"曰若稽古，帝舜，曰重华，协于帝。濬哲文明，温恭允塞，玄德升闻，乃命以位。"章老先生坐在讲台上领读，摇晃着脑袋，神情是庄重的，似乎这些曲里拐弯的符号里面有着特别的荣耀与意义。

庄周读着读着，渐渐觉得眼皮越来越重，书中的字迹也模糊起来……

"庄周，不许在课堂上睡觉！"章老先生不知道什么时候已经走下讲台，站到了庄周身边，念书的声音也低了下来。这算是因《尚书》而变得沉闷非常的午后的一个意外插曲吧。教室里分外安静，其他的学生有些兴奋地看着这一幕，带着孩子小小的幸灾乐祸，有些紧张地想：庄周又要挨骂了……

私塾里唯一特立独行的就是这个庄周。他个子不高，黑黑瘦瘦，读书虽然刻苦，但上课的时候总一副无精打采的样子。他文章写得漂亮，为这点，章老先生已经在班上公开表扬过他好几次了。可他总是有一些奇谈怪论，跟大家的想法分外不同，似乎有些道理，但也有些不对劲的地方，然而要跟他争辩的话，又没有人能辩得过他。几乎私塾里所有的学生都承认，除了班长惠施，庄周是蒙县最聪明的学生。同时，几乎所有的学生家长都拿庄周做反面典型来教育孩子："不可以像庄周一样整天不务正业，逃课去扑蜻蜓、钓鱼，还把竹简书拆开，用来捅蚂蚁洞。"那次，就连一直对庄周很宽容的章老先生也大大地生气了。

"舜真的有书上写得那么好？"庄周伸了个懒腰，无精打采地抬头说道，"《尚书》里面写的事情，遥远得都让人无从查证了，谁知道是真是假？即使舜当真是古往今来第一道德高尚、光辉灿烂的帝王，对今天这纷乱的世事，又有什么帮助呢？这种文章读来也太没有意思了！"

班上的学生一听庄周这话，马上就炸开了锅，纷纷在下面小声议论起来。有的觉得庄周说得不无道理，而且敢大声说出这样的观点，勇气实在可嘉。也有的说庄周在诋毁圣人，《尚书》是多么庄重的书，难道还能写瞎话不成，如果连竹片上的大篆都不能相信，还有什么值得相信呢？还有几个格外老成的学生，抱怨庄周不但自己不好好念书，还总是扰乱课堂，也太不严肃了，像庄周这样的学生就应该劝退回家，否则大家学业不成，将来如何施展才华赢得国君的重用呢！

章老先生听完了庄周的话倒是很沉得住气，敲敲桌子，示意大家安静下来。他提高声音说道："《尚书》是我们儒生学习文献的基本功课，历来大家都认为它难懂，也确实不太好读。我在鲁国修业的时候，也曾听孟轲先生说过，尽信书则不如无书。然而远古的记载能够经历时间的筛选而留存下来，必定有它独到的价值，遑论《尚书》这样人人俱读的经典籍册。如果此书真的全然不可信，为什么先贤都对之赞颂不已呢？当然，有怀疑的精神也是好的，但是我希望庄周的怀疑不是出于厌学，而是为了更好地学习。"

　　章老先生一边说着话，一边望着庄周。庄周这样的论点可不是一时的惊人之语，而是他思考过很长时间的想法，今天既然当着全班同学的面说了出来，自然要认真探讨一番。他站起身来，对着章老先生侃侃而谈："学生怎么敢攀附孟轲先生的话呢？只是学生以为，《尚书》说尧的德行是'光被四表，格于上下'，那么就是说尧的德行充塞天地。而尧也不过是一个普通的人，怎么担当得起这样的评价呢？学生自己在读古代传说时曾经看到过这样一则故事，尧想把自己的帝位让给隐士许由，对许由说：'您如果能成为天下之主，天下也就太平了。'许由却不愿意做这个天下之主，拒绝了尧。如果尧的德行真的到了充塞天地的地步，何必要让位给许由，又说只有许由能让天下太平呢？如果只是因为尧做了君主，才拥有这样的德行，那么他又为什么要放弃君主之位呢？许由又为什么不接受这样的地位呢？他难道不想拥有最高的德行？舜就更不必说了，《尚书》中说舜也是靠着德行才被尧禅让为君主，可是尧本来不是想传位给许由吗？这难道还不足以说明舜本没有那么高的德行，尧只是退而求其次才传位给他的吗？看来《尚书》的记载是不足以凭信的。许由德行之高，足以让天下太平，但是他却拒绝了尧的好意。治理天下的尧和舜，虽然德行没有达到这种境界，却被《尚书》吹捧到了天上。可见《尚书》的记载多有不实，也不过与当下这些对君主阿谀奉承的言论相似，我们为什么要学习它呢？"

　　"好一番漂亮的诡辩！"庄周根本不必循着声音望去，就知道一定是班长惠施站出来了。章老先生向来鼓励大家在课堂上自由发言，讲出自己的看法，共同讨论。因为在当时，精通诡辩之术也是取得君主赏识的重要方式，在课堂上经常练习辩论，是当时比较注重的教学方法。

　　惠施是庄周的好友，两个人经常在一起辩论，个性却大相径庭。惠施也非常用功，而且有着不逊于庄周的口才。但他总是认真地按照书册和先生的教导行事，从不怀疑，而且有着远大的志向——成为安定天下、让人民安居乐业的一代贤相，从而留名史册，与周公的名字刻在同一片竹板上。没有人怀疑惠施是蒙县最有前途的学生，都相信他将来一定会成为这个村子的骄傲。"说不定蒙县就因为出了一个惠施，而在很长时间之后仍然能够被人记住呢！"村中的老人常常这么说。

"《尚书》是关于上古的文献记载，其中的内容的确无从查证，但是你只是借着更加没有根据的传说来否定《尚书》，硬说古代的贤明君主不具有这样的德行，这恐怕不能服众吧？尧是一位伟大的君主，在历史中，我们很难找出比他更加伟大的帝王，这是我们无法否认的。即使如此，他仍旧认为自己不能担当这样的重任，而把君主之位让给了舜，这难道不是极其高尚的德行吗？人无完人，但身居此等高位，仍然能够认识到自己的不足，能够如此自谦，这样的德行，难道不值得在史书中赞颂吗？即使说这样的德行充塞天地，又有什么过分呢？我们并不是要追究古人的德行排名，而是要记诵那些伟大的人物和事迹，怎么能只揪住其中的纰漏不放呢？虽然孟轲先生说过'尽信书不如无书'，而你却据此得出了学习《尚书》完全无用的结论，这不是偏激又是什么呢？"

惠施说着瞥了一眼章老先生，看他依旧坐在讲台上，脸上似乎露出了赞赏的笑容，于是继续发表自己的看法："孔门传授知识，每一门功课都代表了一项技能，《尚书》培养我们的德行和品质，《诗经》学习文学和地方风俗，《易经》学习占卜吉凶，《礼经》是我们的行为规范，《春秋》则是关于当代的大事。这还不算，儒生还要接受六艺的训练，就是礼、乐、射、御、书、数六种技能。礼、乐是对儒生的基本要求，射、御让我们有能力出将入相，书、数则是处理日常事务的技巧，每一项都直接关系到我们今后的前途。你怎能说《尚书》这一类的知识无用呢？"

　　惠施一篇高论发表完毕，同学们纷纷歆歆惊叹，连章老先生也在讲台上听得大点其头。庄周却毫不示弱："我看不光是《尚书》无用，就连你说的这一大套经传六艺也都统统无用！"这一句话的震撼力可比刚才两人洋洋洒洒你来我往的一个回合要大得多了，教室里不再有人交头接耳，都瞪大眼睛看向了庄周，要听听他打算发表怎样的一番怪论。

　　"六艺对我们个人而言，就好比盛水陶器上的花纹，如果一个陶器本身就能盛水，这些花纹要它又有什么用呢？虽说刻有精美花纹的陶罐在集市上能卖个更好的价钱，可我们买陶器时又何必关心它的花纹好看不好看，只要它能够盛水而

庄周与惠施

且不会漏出来就是了。这才是陶罐最重要的功用和价值所在。在陶罐上面雕刻花纹，浪费了我们的时间和精力，也浪费了购买陶罐的人的钱财。陶罐上的花纹对于盛水并没有帮助，而一个过于精美的陶罐，购买的人会因为它的价格高昂而舍不得用，把它闲置起来，起不到陶罐的作用，反而是对陶罐本身价值的损害。生而为人，只要生活得适意幸福不是已经足够了吗？六艺经传完全是劳累和禁锢我们心智的东西，掌握了这些就意味着我们已经拥有了高尚的德行吗？没有掌握六艺经传，就说明这个人不是一个合格的儒生吗？用这种外在的标准来衡量我们自己，你难道没有一点汗颜吗？"

　　庄周一连串的诘问，如同连珠炮，让惠施的额角上见了汗。他可从来没有考虑过这样的观点，其他的同学也听得说不出话来，似乎从未听说过如此怪诞的言论，总觉得明明有些不对，却又想不出到底是哪里不对。惠施沉默了片刻，不甘于这样认

第一章 生逢乱世

输，张了张嘴，正准备继续和庄周辩论下去，章老先生平稳厚重的声音传了过来："庄周和惠施两位同学的发言都很精彩，但我们还是要把今天的课程进行完，大家继续念书。另外，庄周在和同学辩论的时候情绪不要太激动，课后，你留下来。"

庄周显然说得尚未尽兴，惠施因为没能反驳庄周，也有些悻悻然，同学们更是觉得上课不如听他们针锋相对来得过瘾。然而，经过这么一场辩论，大家都精神起来，念书的声音里也多了几分抑扬顿挫，几乎每个人都在思考：在这些拗口的文字里，真的有伟大的意义吗？这些对上古伟大君主的记载，到底是当时过分夸大的颂扬，还是真实的记载呢？在这样的思索中，时间过得很快，转眼下课了。孩子们涌出课堂前，大都同情地看看庄周，觉得庄周被留堂，肯定是要倒霉了，说不定章老先生会罚他抄课文，没准还会打他的手掌心呢！

▶ 师法自然

庄周被章老先生留下之后，满心以为要挨手板了，没想到老先生在讲桌前专心写字，似乎把这个留堂的学生完全忘在了脑后。庄周虽然平时喜欢率性而为，但对老师始终尊敬，低着头站在墙角一言不发。就这样过了一阵，章老先生似乎处理完了手边的事务，心满意足地抬头四顾，这才发现庄周还站在教室里。他皱了皱眉头，似乎不知道应该怎么开口。庄周看在眼中，觉得有些诧异，章先生心里有什么为难之事吗？

"庄周啊，六艺无用，戕害人性，这话如果被国君听到，可是会影响你的前途啊！"章老先生这句话说得极慢，慢得似乎不是在

成长关键词 ↓ 想象力、勤学、渊博

Zhuangzi

向庄周说，而是在自言自语。

"先生以为国君的喜好能否代替我们每一个人的喜好？国君的是非能否代替我们每一个人的是非？"庄周毕竟是少年心性，显然没从课堂上和惠施的针锋相对中解脱出来，章老先生的话又把他带入了热烈的思考之中，"六艺在眼下无非是求取利禄的工具，读书人为此劳累不堪，形容委顿，还要强打精神去应付方方面面的问题。他们学习六艺，为的就是求得一官半职，为此可以做出多少违心的举动？在这样的目的下学习，能学到六艺的精髓吗？这样的学习能够真正提高人的德行吗？老师认为天下交给这样的人治理，能够让人民幸福吗？"

章老先生不仅没有生气，反而眯起眼睛听着庄周的大声诘问，似乎很得意的样子。他不禁想起自己在求学之初的追求和抱负，在学堂孜孜不倦的刻苦攻读，放弃了多少珍贵的亲情友谊，又忽略了多少生活的乐趣和奋斗过程本身的意义，还有那些最为痛心的经历——求官之路上的尔虞我诈。他自己也曾在论辩的时候，为了引起听众的注意或是为了取得辩论的胜利，不止一次说出违心之论。即使是在蒙县教书，这种痛苦也随时存在：或是当一个学生本身的能力确实有了提高，却仅仅因一次比赛失败，就再度否定自己，放弃努力之时；或是当不擅背诵的学生，在反复冗长的背诵之中，丧失了自信和灵气，也埋没了其他方面的天赋之际。先生沉默良久，才慢慢地说道："那你说的自然之性，又应该怎么得到呢？"

章老先生长时间的沉默令庄周有些惴惴不安，但他依旧略带倔犟地看着先生，不愿轻易放弃自己的观点。见先生发问，他想了想，肃然说出在心中已存了很久的想法："不能说如何得到，而应该说如何保持。一个人生下来的时候本没有什么束缚，想哭就哭，想笑就笑，饥饿了就吃东西，疲倦了倒头便睡。但是父母、师长一定要在他长大之后教给他各种技能，行动要受到条条框框的限制，他的各种活动都要符合别人的标准和需要，而没有时间来反思一下这样做有什么好处，这样做是为了什么。保持自然之性，首先就是要抛开这些乱七八糟的规范，直接面对自己内心的需要。坚守无欲无求的状态，自然就能达到自然的人。"

章老先生仔细听着，与课堂上完全不同，他竟然赞许地点了点头："庄周啊，你不愧是蒙县最聪明的学生，惠施他们就没有这种勇气来怀疑自己多年以来所受的教育啊！"

庄周听了这话，脸不禁一红："先生不是说要责罚我的忤逆吗？"

"谁说过要罚你了？如果老师不是赞同你的说法，又何必从楚国放弃官位跑到这里来？"

庄周大吃一惊："老师竟然是弃官出走的？"

章老先生微笑道："是啊！我自小就抱着拯救天下、安抚万民的志向，因此寒窗苦读，不远万里到鲁国跟从名师修业。在那里，我结识了不少跟我一样，立志救民于水火的青年才俊。修业完毕，大家分赴各国，希望能一展所长。结果呢，我先到了齐国，这才意识到齐桓公表面上号称求贤若渴、尊重士人，其实不过是把大家养在都城一隅，没事的时候跟我们一起高谈阔论，求得一个爱才的名声，政事都交给那些不学无术的小吏去处理。我在失望之余，又去了楚国。楚宣王一开始还厚待我，政务上经常询问我的意见，但他所接受的，只不过是一些无关大局的琐屑小事，远非真正从心底想要实施仁政，做安民之君，一碰上增税和打仗的事情，他就听不进我的劝告了。后来，因为我常提出的建议触动了一些贵族世家的利益，宣王身边屈、景等重臣都说我的坏话，慢慢地我就被宣王疏远了。我深感在这样征战不休、以强者为胜的世道下，我的所学完全不可能施展于现实中，这才到蒙县来教书度日。"

庄周听了章老先生的一番话，心中非常沉重，自己原来思考圣人之言无用，只是觉得学习中消耗了太多的心智，所学到的东西又迂阔得好笑，从来没想过像老师这般还会从仕途中被排挤出走的事情。一时间，他只是大张着嘴，说不出话来。章老先生似乎看出了他心中的迷惑，走到他身边，摸摸他的头，说道："你现在还小，能思考得这样深入已经远远超过你的同学们了。我在你这个年龄的时候，就根本没想过这些事情，足见你天分之高，我已经没能力做你的老师了。你要学以自然为师，不上课的时候，你可以来家里找我。"他顿了一顿，又说道，"我们在这里的谈话不要让其他同学知道。老师在这里教书，学生们来学知识，学仕途之道，这是他们的理想。我既然是老师，也只有把这些东西传授给他们，使他们以后能够有机会、有能力在官场中打拼。也许有一天他们会理解你今天所说的，也许他们一辈子都难以彻悟，这都是个人的缘分了。"

这段关于六艺是否有用的辩论就这样过去了，在漫长的读书生涯中，这只是一个小小的插曲，没多久大家就都不记得有过这么一次激烈的争论了。以后的课堂上，庄周和惠施依旧经常辩论不休，同学们都知道他是个怪人，脑子里总是充满了新奇却又让人有些害怕的想法，除了惠施，大家都不大和他说话。庄周没有论题可辩的时候，就经常一个人望着窗外的花草出神，章老先生也不再管他。同学们背地里跟章老先生说，庄周上课心不在焉，读书的时候也不认真，有时候还自言自语，经常扰乱课堂秩序，不如打发他回家算了。

章老先生对此不置可否，倒是惠施经常站出来替庄周说话。"庄周是个看待问题很认真的同学，"他总是这么说，"他眼睛冲着外面，可心里倒真是没停止过思考呢！"

▶ 初读《老子》

庄周经历了上次和老师谈话，心境变化很大。没事的时候，惠施经常看到他一个人在书桌前拿着小刀在竹片上东刻西画，惠施想凑近些看，却被庄周挡了驾："写一点自己的感想，写好了自然会给你看。"惠施十分好奇，这天趁庄周课间如厕的时候，偷偷把他的竹简打开了。题目为《颜回向孔子辞行》，惠施自言自语道："不如看看他下面写了些什么。"

于是，惠施看到了这样一个故事：

有一天，颜回去找孔子辞行，孔子很奇怪，便问他："你打算去哪里？"

颜回恭敬地回答道："学生想要去卫国。"

"卫国？去做什么？"孔子问道。

颜回的回答依旧恭敬："学生听说卫国的国君正当壮年，独断专行，还不许别人向他进谏。他杀人无数，国家颗粒无收，人民已经到了走投无路的地步！学生曾经听老师说过，'我们这些读书人应当离开已经治理好的国家，去拯救政治混乱的国家'。学生希望能用从老师这里学来的道理去拯救卫国，或许卫国能被治理好也说不定呢。"

孔子长叹道："唉……你大概是去送死啊！要知道古代的贤人都是先己而后人的，自己的修养还没有建立起来，哪里有闲工夫去感化别人？况且你知道吗？道德败坏是因为求名，使用智慧是为了争权夺利，名誉和智慧都是使人相互倾轧的原因，只依靠智慧和名誉是不能让自己的品行高尚的。

"况且道德高尚的人未必能感受到别人的想法，不争名利的人未必能了解别人的心思。如果勉强用仁义道德来限制别人的行为，是用别人的罪过来换取自己的美德啊！这等于就是害人，害人的人必然被别人所害，你就会面临这样的处境啊！

"卫国并非没有自己的贤人，你又何必去呢？你去了除非不向国君谏诤，否则国君一定会趁着你的漏洞和你辩论，到时你也会头晕眼花，说话颠三倒四，慢慢向他妥协。这是用火来救火灾，而用火来救火灾，没有什么用处。如果你坚持不妥协，必然慢慢不被信任，最终会死于暴虐的君主面前的。

"很久很久以前，夏桀曾经杀过忠臣关龙逄，商纣曾经杀掉叔父比干，就是因为他们的修养太好才会受害，这都是求名的人啊！

"三代之前，尧、舜、禹都有过攻杀别国的例子，那些国家都纷纷灭亡了。尧、舜这样做也不过是为了名利，你难道不知道吗？名利是连圣人都过不去的一关，何况你呢？"

颜回想了一下，说道："那么我去了之后，努力保持正直谦恭的态度、积极坚定的作风，您认为可以吗？"

孔子大笑道："当然不可能了！卫国国君本来就是骄横之人，现在又在血气方刚的年纪，正是喜怒无常的时候，平时人们不敢违背他的意见，想让他每天积累一点德行都不可能，何况希望他能成就大德呢？国君内心固执，就算表面上迎合他，你也不能消除内心己见，又有什么用呢？"

孔子

颜回无奈地说："那我可就没什么别的办法了，您有什么建议吗？"孔子说："我要教给你洗除心中欲念的办法，这就是斋。"

颜回认真地想了想，说："学生家里很困难，我已经不饮酒不吃肉好几个月了，这算是斋吗？"孔子说："这是祭祀说的斋，我教给你的是心斋啊！你要排除杂念，对外界要听而不闻，心怀虚静。声音只能到达耳朵，而心与外界停止接触。只有到达了心中虚静的地步，这才是心斋。"

颜回

颜回体味了一下，马上说："学生没有体会到心斋的时候，觉得我就是我。等到体会到了心斋之后，觉得我已经不存在了，这样就是虚静了吧？"孔子很高兴："你已经做到啦！你现在去卫国，就可以不为名利而动心，人家听你的话你就进谏，不听你的话你就什么都不讲，不要把自己的主张当作给别人医病的灵丹妙药。只是一味避世容易，但是能够入世而出世可就难了！"

惠施正看得起劲，忽然觉得身后有人推他，回头一看，原来庄周回来了。

"实在不好意思，没等主人邀请，客人就先上门了。"惠施挠挠头抱歉地说。

"算啦，也不和你计较这么多，反正梗概写得也七七八八了，你觉得这个故事如何？"庄周倒是大度得很。

"怎么说呢，老兄一向是才华横溢，故事编得很出色，道理讲得很清楚，但就是让人觉得很偏激，尤其是借圣人之口说出这种道理来，让人觉得难以接受。"惠施和庄周辩论惯了，批评起来一直都是这么不客气。看看庄周没有说话，他又认真地补充道，"仁义道德、六艺经传，本来并不是要强加给人们的条条框框，而是被那些利禄之徒天天放在口头上而变得庸俗了。我们既然心存救世的志向，就应当积极进取，努力改变当世风气，慢慢地收取移风易俗的效果。特别是你附会圣人，人家一看就知道你是在乱编故事，又有谁会相信呢？不信的话，你可以拿给老师去看，相信老师也会这么说吧。"

庄周没说什么，只是嘟囔了一句："本来也不过就是个故事而已嘛！"于是两个人一起把文章交给章老先生去看。

章老先生一看之下，不禁击节赞叹道："好文章，语言犀利，正是切中了现下求官之人的要害啊！"说完又瞥了一眼旁边怔了一下的惠施，继而慢条斯理地说，"当然啦，论理是很漂亮，但是假托圣人言语，未免有诡辩之嫌，你们先下去吧。"

惠施听了，得意地看着庄周，庄周耸了耸肩膀，没说什么，回到自己座位上去准备上课了。

放学的时候，章老先生又把庄周留了下来，递给他一卷竹简："你的文章让我想起了这卷书，现在研读这卷书的人也有不少，你应该认真看看。"庄周把书接过来一瞧，简上刻着"道德经"三个篆字，章老先生接着说："这书是春秋时期的贤人老聃所著，所以又称《老子》，分上、下两篇，其中主旨幽深玄远，主张与孔门颇有不同，你不妨看完了，再来单独和我聊聊吧！"

庄周从此开始专心阅读《老子》，这卷不大的书竟然有着如此大的吸引力，让他几乎废寝忘食。老子提倡"道"，与孔子提倡"仁"完全不同。孔夫子给世人规定了无穷的规矩条框，一举一动都要合乎于礼，符合自己的身份，正所谓"非礼勿视，非礼勿听，非礼勿言，非礼勿动"。每一片竹简上似乎都能看到孔夫子那张板着的面孔，不厌其烦地说教，却总让人的内心不禁躁动、怀疑起来。而老子思考的却是终极的道理，是天地的基本规律，即"道"。老子说"道法自然"，人的行为也应该符合道，符合天地自然。庄周看了老子的书，有种醍醐灌顶的感觉，说到他心里去了。

"我一直说保持人的自然之性，不正是老子所言之'道'吗？"庄周一下子似乎抓住了什么，"老子说，大丈夫要恬然无思、淡然无虑，这样才能做到内心的虚静，才能体会到'道'的存在。而

'道'又是什么呢？老子又说，'道'如果能够说出口，那就已经不是真正的大道了，所以人只需要按照'道'来率性而为，无欲无求，就是人生的极致了。"庄子坐在草地上，眼前是高大的蒙山，身边是美丽的蒙泽，四周有鸟鸣蛙声。可庄周心中却一片寂静，没有一丝波动，他看着远方，又似乎什么都没有看，老子的话已经在庄周的心中扎下了最初的根芽。

　　章老先生听了庄周的这些感悟后，很是激动。他看着庄周的目光充满热切的期待，但在那目光深处，似乎又有隐隐的失落。照章老先生所说，老子原本是楚地苦县厉乡一个叫作曲仁里地方的人。他从小就博学多闻，后来去做了周王室的藏书吏，在苦县大有名气。老子的学问更是为世人仰慕，当时名气之大，就连孔子都要上门去向他学习礼仪方面的学问。孔子离开以后曾说过，老子好像天上的飞龙一般让人难测深浅。可见当时老子名声之盛。但是老子本人生性寂寞自守，而且他所传的学问都是教人如何归隐山川，不取功名的。所以当他名气如日中天的时候，却突然决定要离开中原去隐居。有人说，老子觅地隐居，主要是因为周王室日渐衰微的缘故；也有人说，老子发现西方有圣人出现的迹象。但不管怎样，老子的隐居都充满了谜一样的色彩。据最后看见他的人说，老子骑着一头青牛到了函谷关外。当时看守函谷关的守令叫尹喜，是认得老子的，并一直服膺于老子的学说。他善观星宿，提前一天发现函谷关东面有紫气氤氲而至，知道一定是高人到来，便在函谷关盘查寻访，终于看到老子骑着青牛从此经过。尹喜恳求老子在出关隐居之前把自己的学说写成一部书传之于后。于是，就有了今天五千余字的《道德经》上、下两篇。当日把守函谷关的士兵都目睹了老子骑着青牛慢慢出关而去的情景。尹喜打听过，老子自己说他打算一直向西，渡过杳无人烟的流沙地区，去找适合他隐居的乐土。不管怎么说，从此中原的一代学问大家就这样一去不返。尹喜将《道德经》上、下两篇流传

Zhuangzi

成长关键词　想象力、勤学、渊博

出去，成为尊崇老子学说一派学者所信奉的经典。由于老子一脉的学说不主张当官求名，所以这一派学人也从不热衷于传播他的信仰，他的实力和影响始终及不上孔子一系。如今，孔门学说受到各国君主欢迎，隐隐有一统天下之势。但老子所传下来的这一学派却也衰而未绝，特别是在楚地老子的故乡苦县，还有不少的信徒。章老先生的这本《老子》也是去苦县游历时，当地学者赠送给他的。

章老先生慢慢地讲述老子的生平，直听得庄周荡气回肠，这才是作为一派学说宗主的行事方式！难怪孔子认为老子是如天上飞龙一般难测深浅的人物。回想当日老子即将出关，在离去之前留下言微义远的上、下篇《道德经》，从此斯人不返，独留薄薄的几卷竹简，让无数世人顶礼赞叹，又让多少人从中感悟到无所不在却又了无踪迹的"道"！庄周不禁心醉神迷，无限神往。现在的庄周，已经是深深沉迷在老子的"道"中了，他越来越感觉到，除了"道"这个词，还没有什么东西能更好地描述这种无所不在的天地至理。

按照章老先生的说法，老子的"道"实际上是后来几大学派学说的源头，孔子的儒家、墨子的墨家，包括后来称为道家的老子后学，都只是从"道"中截取了适合自己需要的部分。老子后学中田骈、慎到等人，更是将"道"发挥成为近似于法家的学说。没有人能真正完全理解什么是"道"，只是从中有些许收益，钻研下去，就成了一代开宗立派的学者。老子学说中有太多的深意，而如今的读书人欠缺在其思想学术上做认真的探究。章老先生接触此书的时候年纪大了，他把更多的希望寄托在了庄周身上。

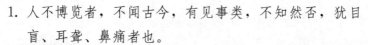

名人名言·求知

1. 人不博览者，不闻古今，有见事类，不知然否，犹目盲、耳聋、鼻痈者也。

——〔东汉〕王充

2. 知识是引导人生到光明与真实境界的灯烛。

——李大钊

3. 书犹药也，善读之可以医愚。

——〔西汉〕刘向

4. 读书破万卷，下笔如有神。

——〔唐〕杜甫

5. 书到疑处翻成悟，文到穷时自有神。

——〔清〕郑板桥

6. 知不足者好学，耻下问者自满。

——〔北宋〕林逋

7. 知识是一种快乐，而好奇则是一种萌芽。

——［英］培根

8. 学问对于人们要求最大的紧张和最大的热情。

——［苏联］巴甫洛夫

9. 应该随时学习，学习一切；应该集中全力，以求知道得更多，知道一切。

——［苏联］高尔基

10. 书籍是全世界的营养品。

——［英］莎士比亚

◁ 第二章 ▷

Zhuangzi

淡泊名利

放得功名富贵之心下，便可脱凡。

——〔明〕洪应明

▶ 秋水之喻

　　暮春时节，草长莺飞。章老先生带弟子们一起登蒙山，并要求他们作文以记之。

　　归来，大家纷纷交了文章，章老先生都认真地做了批改。大部分人不过是抒发饱览大好河山时的豪迈之情。惠施做了篇效法孔子登泰山的短文，起承转合倒也工整，全文严格地分成了八个部分，每一部分都用一个漂亮的对偶句，显示了高妙的才情。章老先生最好奇的当然还是庄周的文章，题目很短，叫作《秋水》，显然是有感于在山上见到的濛水而写的。

　　秋天涨水的季节到了，许多小河的水流都汇集到了大河之中。水流湍急，波涛汹涌，河面一下子宽阔了很多，从这一边望过去，根本分不清对岸的牛马。看到这样的情形，河伯冯夷高兴极了，认为自己容纳百溪，汇流成河，汪洋一片，定然是天下水最多最美的地方了。他看到越来越多的小溪汇流进来，于是想去看看河的尽头，于是顺流向东，没多久就到了北海。然而在北海沿岸，竟然有无数大小河流奔涌而来，很多河比自己大出不止一倍，可这些河水流入海中，却全都显得微不足道。再在北海的入海口往东边望去，根本看不见尽头，只见最远处，隐隐地似乎与天连在一起。冯夷一下子沮丧起来，原来欣然自喜的面孔不见了，茫然地对着海神若长叹道：

　　"俗语说：一瓶子不满，半瓶子晃荡。这就是在说我啊！更何况我以前还曾听说，有人看不上仲尼的学问，鄙视伯夷、叔齐的节义，我根本不相信世上竟然有这样狂妄的人。今天我亲眼看到您这里无边无际的样子，才知道什么叫作贻笑大方。如果我没来您这里的话，可能就要永远成为别人的笑柄了。”

北海的海神若微微一笑，对冯夷说道："一个人无法向井底之蛙讲述海洋的广大，因为可怜的青蛙们只局限于巴掌大的一小块地方，从来没有蹦出过井，从未看到比井口更大的天空，怎么能够理解什么叫作广大？一个人也无法跟夏天的小虫讲述冬季遍野的冰雪，因为它们的生命只限于短暂的一个季节，怎么能够晓得什么是寒风，什么是冰冻？一个人更没有办法和孤陋寡闻的人讨论什么叫作大道，因为他们所受的教育局限了他们的思考，怎么能理解那些规则之外的自然之理？现在您能从小河中走出来见到大海，知道自己的浅薄疏漏，我们就能够一同讨论大道了。

"天下的河流水泊，都没有海洋广大，所有的河流都要流入大海，大海却永远不会被流水注满。在大海的东方有一个出口，海水从那里汩汩流出，却也永远不会把海洋流空。一年四季无时无刻不是如此，永远也不会像陆地上的河流那样经历水旱两季的变化。像海洋这样，每天流到这里的江河之水，根本无法以数量计算，但我仍然没有自以为了不起。你想想看，海洋之大跟天地相比又如何呢？我们都是受天地恩赐才获得了形体，并吸收了阴阳二气才能够存在。海洋在天地之间，就如同大山上的一块小石头。看到了自己有多么渺小，又怎么会飘飘然呢？即使把东、南、西、北四海加在一块儿，跟天地相比也不过是大粮仓中的一颗小米粒罢了。

"世上有万物，人只是其中渺小的一份子。人们居住的地方有九州之广，稻谷等食物赖以生长、车船赖以通行，这些东西加在一起跟万物相比，难道不像是骏马身上的一根小小的鬃毛吗？上古时代五帝王朝的绵延不断，夏、商、周三代的开疆拓土，儒生的忧国忧民，墨者的任劳任怨，都是在这个渺小的方寸之地发生的事情。伯夷、叔齐拒绝了孤竹国的君主之位就成为美谈被广为传颂，仲尼传授学问就被人说成知识渊博，这种自以为是的情况，不和你以前自以为水多是一样的吗？"

文章不长，但是庄周汪洋恣肆的想象力跃然纸上，章老先生不禁拍案称奇："想必这是庄周读了《老子》，借游蒙山和濠水的经历，写给我看的一份读书心得。只可惜文章太短，没有充分展开。庄周毕竟年纪还小，只看到了大，却没有看到小，对《老子》'天之

秋水之喻

道，损有余而补不足'这种相对变化还没有讲清楚。这也难怪，世人眼中总是注意大的方面多，看到细微的地方少，看到一面的情况多，能同时注意到两面的情况少……我还需再点醒他一下。"于是章老先生提笔在庄周的文章后面补道：

河伯冯夷急忙问北海的海神若说："那么我把天地看作大，把毛发的尖端看作小，这样可以了吗？"

海神若回答道："也不可以。世间万物，可以有无穷大，也可以有无穷小，这些都没有一定的界限。聪明的人既能看到远处的大东西，也不会漏过近处的小东西。所以从近看，小的东西也不算小；从远处看，大的东西也不算大。求证于历史，我们可以发现，即使有些事件时间上很久远，仍然很明白清楚；但也有很多事件虽然时间上距今不远，却还是让人难以捉摸。世上没有绝对的大小，也没有绝对的成败，更没有绝对的喜乐。你只有看到事物的界限是时刻相对变化的，永远没有绝对的标准，才能做到自己不为外物的得失或喜或悲，这样才算领悟了大道。纵观人的一生，所能知道的东西显然没有不知道的东西多。这一生的时

间，与整个人类的历史相比，更是短暂得微不足道。用这样渺小的东西，去追求那些无穷大的东西，就会迷乱于其中而失去自我。这样看来，毛发的尖端也不一定算是最小，天地也不能算是最大，怎么能用它们作为判断至小与至大的标准呢?"

这样加上了一段，章老先生才算满意。庄周看过以后，也更加服膺于章老先生见识的广博和思考的深邃。章老先生游历遍及天下，他逢人就说，庄周的《秋水》实在是这几年不多见的好文章，还将文章托人送给自己的几个好友。于是《秋水》就不胫而走，到处被人传诵。

▶ 不慕功名

私塾的日子过得很快，庄周他们这一届学生马上就要毕业了。这天，章老先生通知他们，地方上的官员说，明天负责察举的宋国官吏就要到蒙县来了，希望学生们都能装扮整洁，尽量给察举的官员留下一个好印象。

战国时代的官员基本上都是由出身贵族的人世袭的。因为一个人如果出身高贵，就能够享受好的文化教育，而且从小在达官贵人的家中游乐，与贵族子弟往来，熟悉国家事务的管理，跟同僚之间也有比较深入的了解和交往。如果是一个平民，对朝政本不熟悉，更没有广泛的人际关系网，怎么可能有处理政务的经验呢?

然而身为平民，也不是完全没有做官的机会。对他们来说，察举就是一条捷径。所谓察举，是由国君专门委派官员到各个地方去视察，负责管理一定的事务，将各个地方的情况如实上

第二章 淡泊名利

报。在他们负责的这些事务中，最为重要的一项就是在地方上发现了合适的人才，要及时举荐给国君。假如一个人不是贵族出身又想要做官的话，这几乎是他唯一的途径了。察举官员考察的对象，就是那些在各地私塾中读书且已经行过冠礼的学生。

察举官员来到地方私塾是一件非常隆重的大事。要知道，察举官员推荐人才的依据，无非是看看学生的文章做得如何，再和他们讨论一下治国的方略，考察一下学生的知识。一个学生真正的才华、学识和能力其实很难在短时间内被了解清楚，那么学生的形象如何，对于察举官员的判断和选择，就是一个举足轻重的因素了。

这一天，同学们都在好好准备修饰，家长们也都纷纷拿出了平时收藏起来的最正式、庄重的衣服。只有庄周满不在乎，把母亲准备的家中最贵的一套衣服放在床头，走出门来依然一身旧打扮，看上去土头土脑的。他本来长得就不是那么起眼，此时与衣着光鲜、精心修饰的同学们相比，更显得黯然失色。这天，私塾外面也聚集了许多学生家长和闲人，大家放下农活，都来等着一睹察举官员的风采，同时纷纷议论哪个孩子可能会有出息。不过，惠施早已是整个蒙县公认的必然入选的明日之星。大家争论的内容无非是谁有可能和惠施一起走出蒙县这个小地方。学生们此时感到更加紧张了，连一贯自信的惠施手心也微微出汗了，还有几个学生让家长捧着书简，想要临时抱佛脚。庄周鄙薄地看了他们一眼，悄悄地溜出人群，到后面花园里去晒太阳了。

整个早晨就在紧张的等候中度过了，眼看日上三竿，大家腹中饥饿又望眼欲穿的时候，听见有人大喊道："察举大人到！"听到这个消息，私塾里面嘈杂的人声一下子都消失了，家长们抱着书简急忙退出门外，学生们把衣服掸了又掸，生怕留下什么褶皱和浮土。章老先生急忙从里屋走出来，一声令下，衣着光鲜的同学们吹起埙（xūn），敲响编钟。一时间，鼓乐齐鸣，热烈欢迎察举官员的到来。

只见进来的是个四十多岁的中年人，衣裳华贵，胖得厉害，眼睛不大，却向上翻着，一看就是骄横跋扈惯了的人。这也难怪，因为察举官员职权重大，所到之处没有人不巴结他们的，天长日久也就习以为常了，觉得别人对他们礼数周到、热情款待是理所应当的事。像今天这样的场面，他们也见得多了，根本没当一回事。察举官在一大群随从的前呼后拥中，从私塾外面慢慢走进来，用挑剔的眼光瞥了几眼学生，冲章老先生拱拱手说道："本官商荡，蒙国君委派，专门负责察举蒙地人才。章老先生道德、文章、口碑俱佳，不知道今年学生中可有什么突出的人才？本官任务繁重，要尽快回都城交割差事，也不能奉陪很长时间，请章老先生尽快把学生做一介绍吧。"

章老先生连忙把早已准备好的几篇学生佳作呈上，然后开始挨个介绍学生的情况。商荡翻看着学生们的文章，突然看到了庄周的《秋水》，很感兴趣，打断章老先生的介绍，问道："这个庄周是哪一位？""这个庄周嘛，"章老先生急忙环顾四周，没发现庄周的人，"咦，早上还在这里的啊！现在哪里去了？"

正在章老先生急得脑门见汗的时候，庄周听到前面有人在叫他的名字，手里拈着一只刚刚扑到的蜻蜓，一步就闯了进来："老师，是您在叫我吗？"章老先生一看庄周这个样子，心里也禁不住好笑，但脸上还要做出一本正经的样子："都已经是行过冠礼的人了，还这么胡闹！这位是今天来的察举大人商荡，还不快见过大人！"

庄周不情愿地微微欠身："大人远来安好，学生庄周，见过大人。"一边低头说话，一边手一松，蜻蜓从背后飞起来，在屋里打了个转儿，从窗户飞了出去，几个学生已经忍不住，哧的一声笑了出来。商荡眯着小眼睛，目光在庄周身上转了几转："你就是庄周？《秋水》这篇文章是你写的吗？"

庄周慢条斯理地回答:"正是学生所作。大人有何指教?"

"文章嘛,还是很有气魄和想象力的,可见你的才气还是不错,但是看到你这个人,我觉得有点浮躁,缺少老成稳重的气质。就说你这装束吧,明知道本官要来这里察举人才,还打扮得不伦不类的,这样子和外面那些老百姓有什么区别啊?士人就应当有士人的打扮……"

庄周根本听不进去商荡下面说的话,只管让他在那里唾沫横飞地评头论足,等他说完之后,反问了他一句:"大人见过太庙里面祭祀用的公牛吗?"

商荡被庄周这么没头没脑一问,有点迷糊,随口应道:"当然见过,怎么啦?"

"大人见过祭祀用的公牛,自然知道公牛在被送进太庙之前,要插花披红,好好地打扮起来,看上去可比原来体面多了。人们还会用上等的饲料喂它,可能它一生中都没有第二次机会享受如此待遇了。但是等到它进了太庙之后,命运如何呢?它想做回以前牛圈里普通的一头牛,还由得它吗?只能等着祭祀的人把它杀掉,我说得对吗?看来,如此重视外表,不过是做了一次这样的牛而已吧?"庄周直盯着商荡问道。

商荡从来没有听过这样的奇谈怪论,一时间不知道该说什么,又被庄周无礼的直视盯得有点发毛,声音开始不自然起来,清了清喉咙,说:"这也不需与你争辩,回去以后多少打扮得让

庄子却聘图

别人看得过去就是了。我今天想问问在座各位的,你们来说说什么是'仁'。你口才这么好,就从你先开始说吧。"

庄周直截了当地说:"所谓仁,就是虎狼之性。"

这话一出口，所有的学生都惊呆了。庄周在课堂上说这种大逆不道的话已经不是一次两次了。但是，大家没有想到他竟然在察举官员面前还敢这么说。如果被人告他非圣侮法的话，足够让他终生不能做官了。就连章老先生的脸色都有些发白，暗暗觉得以前对庄周是过于放纵了。生活在这样的世俗中，完全不遵守世俗的礼法，总是要吃亏的。章老先生不由得心中懊悔，觉得不该过分鼓励庄周的崇尚自然之性，不尊圣人之言。

商荡闻听此言自然更是大吃一惊，似乎要确认自己听没听清楚似的："什么？你说什么？"

庄周说道："孔门提倡的仁，是由许多美德组成的。其中最为重要的，就是父子之间相亲相爱的孝道。可是孔门提倡的仁孝，是虎狼父子之间也有的。即使是牲畜，也可以做到仁孝，乌鸦反哺、羊羔跪乳，并不乏相亲相爱的例子啊！这样看来，仁不是虎狼之性又是什么呢？"

商荡从来没有见过对圣人之言如此歪曲忤逆的人，气得话都说得有点哆嗦了："那你说，真正的仁是什么？"

庄周道："真正的仁就是抛开狭隘的亲情。"

商荡摇摇头，很不以为然："这怎么可以？抛开亲情就会让人没有爱心，没有爱心就是不孝的人，你说的真正的仁就是要人都不孝顺父母吗？"

"当然不是这样，用孝也没办法说明真正的仁是什么样子，仁不能只用孝来代替。真正的仁和孔子所说的孝，本来就是不相干的两回事。这就好像一个人来到了楚国的都城郢，他回头再去看北面的冥山，发现什么都看不到了。什么原因呢？距离太遥远了呀！孔子所说的孝只是简单的规则，用规定的准则来带领人们做到仁孝，这就像楚国的都城和极北的冥山之间的距离一样遥远。

"用恭敬的方式来孝顺父母是很容易做到的，但这只是因为礼教的约束，而非真的有爱心。如果是用真正的爱心去孝顺父母就难了；不过，话说回来了，用真正的爱心去孝顺父母也容易，因为父母对自己有养育之恩。他们真的对所有的老人都如此恭顺爱戴吗？怀着对天下老者的爱戴，在孝顺父母的时候甚至忘记他们是自己的生身父母，可就难了。这样说来，能发自内心地孝顺父母容易，使父母忘记儿子对他们的孝敬仅仅是因为礼教约束或者生养之恩也是容易的，能够把天下万物都忘记可就难了。忘记了天下还算是容易的，让天下把我这种包举天下的德行全部忘记可就难了。

"真正的大仁应该是这样的：具备了这种德行的人，即使像尧、舜那样把天下让给他，他也不要；做了泽被天下的好事，而天下人都不知道。这样高尚的品德你们这些大言仁和孝的人能做到吗？现在大家所说的仁义孝悌、忠信贞廉等美德，都是对自己德行发展的阻碍和累赘，根本不值得提倡。所以说，能够舍弃一国之君的地位的人，才是真正高贵的人；能够拒绝一国之财富的人，才是真正富有的人；不把名誉放在心上的人，才是真正崇高的人。"

这一段话听得商荡头昏脑胀，虽然觉得这个学生十分忤逆，但他的理论好像又能自圆其说，还头头是道。本来，他看着庄周的文章，觉得国君肯定会欣赏，心想把这样的人推荐给国君，以后陪伴在国君身旁，出去游玩的时候可以写点风雅的东西讨国君的欢心，而自己是推荐他的人，自然连带着也会有些好处。可现在看起来，庄周这个家伙不像一个懂得实务、能够讨国君欢心的人。商荡也没心思和他继续纠缠下去了，赶快挥挥手："胡说八道，搅得本官脑子都快晕了，快快下去，本官要考察下面一个学生了。"

庄周看看商荡肥头大耳愚蠢的模样，心想："我这回是对牛弹琴了。"他索性哈哈一笑，又跑到后面花园里去晒太阳了。

这次察举的最后结果，让所有学生家长都大跌眼镜。私塾里几个公认的有希望的学生都没能上榜，特别是惠施没有入选，很是奇怪。倒是几个平时表现中等的学生被商荡征辟到都城当官去了。家长们背后纷纷议论，认为一定是庄周一开始没有给商荡大人留下好印象，破坏了人家的心情，使得这些好学生都没有了光明的前途。因此，庄周在蒙县家长们的评价中就更坏了。以前还仅仅是教育孩子的反面教材，现在，庄周简直成了大好前途、光明前景的最大障碍。对孩子满怀希望的家长都禁止自己的孩子和庄周在一起厮混，生怕庄周影响了他们的仕途。而庄周还像以前一样，依旧在蒙山、蒙泽徘徊游荡，似乎察举事件完全没有给他留下任何影响。那一天对他而言，就像每一个捉蝴蝶、在课堂上睡觉、跟惠施辩论的日子一样平淡。

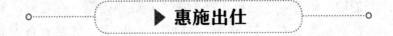

▶ 惠施出仕

有一天早上，惠施突然兴冲冲地来找庄周："庄周，我终于决定了，不能再留在蒙县这个小地方等着被别人发现了。我父母打算给我一笔钱，让我去魏国求官。"

庄周对做官的事情从来没有兴趣，他只关心蒙山上的飞鸟和蒙泽底的游鱼，便心不在焉地应了一声。惠施看庄周没有什么反应，赶紧说："我知道你不热衷名利，但是明天我就要离开蒙县了，今天我是特地来向你告别的。"

庄周虽然早就明白惠施是迟早要离开的，但也没想到他决定得如此之快，于是问道："你怎么会打算去魏国呢？"

"魏国自三家分晋之后，一直采取比较开明的措施，魏文侯任用李悝变法革新，也取得了一定的成效，在中原几大国中，算是比较有朝气的国家了。特别是这几年，魏国西面受秦国逼迫，在北面和东面的战争中又输给了赵国和齐国，现正在休养生息中，估计二十年内没有能力大规模地对外作战了。如此，战后萧条，百废待兴，又刚刚进行改革，国内正需要大量人才，我去了可能有更多的机会一展所长。宋国的情况你

惠施出仕

也不是不知道……就拿上次来的商荡说吧，哪里像个对国君负责的官员，根本是脑满肠肥、胸无点墨。现在综观各国的情况，魏国只要没有外敌来扰，可能是最好的选择了。"

"更何况，你知道我一直喜欢墨家的兼爱非攻之说，以魏国现在的情况，宣传弭兵，阻力会比较小，假如换了其他国家，我恐怕就必须放弃这种理想了。所以我这次前往魏国，是经过深思熟虑的，如果不能成功，我也绝不会回宋国来了。"

庄周默默无语，过了一会儿，说道："你既然明天就走，今天我们就一起去散散步吧。"

两人迈步出门，顺着蒙泽缓缓而行。如果在平时，两个人一定又会为某个问题争论不休，现在却都一言不发。这也难怪，在过去成百上千次的辩论中，庄周和惠施早在内心深处把对方视为自己最好的对手和朋友了，除了一争高下的少年意气，更多的是彼此之间的深厚友情。现在惠施临行在即，两人自然也没有了辩论的心情。他们就这样沉默着并肩走了很远，似乎希望前面的道路永远延伸下去，太阳永远停在空中，不要落下，分别的时刻也永远不要到来。

不知走了多久，两人已经不知不觉来到了蒙山脚下。山边的

树林早已茂密成荫，更显得幽静。庄周突然说道："这里已经离濠水不远了，平时我们看濠水都是从蒙山顶上远眺，今天要不要走近了看看？"惠施想起自己远行在即，也不知何年何月才能重见故乡的景致，心中伤感倍增，自然是爽快地答应了。

濠水从南面缓缓注入蒙泽，河面上有一座木板搭成的小桥通往对岸，几个村民赶着牛马从桥上走过。两人并肩走上石桥，不约而同地停下来，坐在了桥边。惠施随手拿起一块石头，朝河里丢过去，溅起一朵小小的水花，反射出耀眼的七色光。水流很缓，非常清澈，可以一眼看到河底，河底的鱼儿游动起来如同鸟儿在天空飞行一般迅捷，真是自由畅快极了。

"这里是通往楚国的道路，想当年，我们的老师肯定就是从这座桥上走到蒙县来的，怪不得他对濠水的印象这么深。"庄周对惠施说。

"想想老师的学问，真是觉得可惜。他大可不必在蒙县这种小地方教书，随便去个大都市，比如赵国的邯郸、魏国的大梁，都会成为家喻户晓的人物。"惠施对章老先生的过去知道的很少，故此做了个完全错误的估计。

庄周不再说话了，他不想在自己最好的朋友将要远行的日子里继续争辩下去。当一个人置身于大自然的时候，首先感受到的应该是自然界中花草树木与人的亲近，不应该带着研究的态度来对待它们，把自己与这些疏远开来。所以，庄周从小就认为在山林之中才是自己的乐趣所在，而惠施一心希望出仕为官，名垂青史。

他们俩都明白，这种已经成了诡辩的争论继续下去也不知要到什么时候才有个了结，既然庄周首先住了口，惠施也就不再多说。两人看看时间不早了，就慢慢散步回家了。惠施在蒙县的最后一天就这样过去了。第二天天还没亮，他的马车就载着他和他的梦想向魏国驰去了。

▶ 舐痔之讥

惠施走了以后，庄周没有了辩论的对手，与旁人在一起显得更加格格不入。虽然生活还同以前一样，但他待在山上的时间更多了，有的时候甚至带着干粮和书简，一个人在山上度过整整一天。村里的人都说，庄周这样每天漫山遍野地乱跑，将来定是一点出息也没有了。说这些话的时候，人们也不避开庄周，而庄周听到也只是笑一笑，毫不在意。

慢慢地，原来的同学不是在都城求官，就是到别的诸侯国游学去了，没有人再来上门寻访庄周，他倒也乐得清静。他不时会去拜访一下章老先生，师徒二人在一起喝酒谈天，纵论古今，生活过得也有滋有味。在旁人看来，庄周真是个典型的败家子，读了这么多年的书还不去做官，就算不做官也应当学做些工匠活。最不济，也应该去田里帮忙劳作。现在却只在家里游手好闲、坐吃山空，这样的人上了学又有什么用？每次他到章老先生家还要混吃混喝，乡亲们未免都有些不满于章老先生对他的纵容，纷纷在庄周背后向章老先生议论他的不是。章老先生只是嘿嘿地听着，大家都说老先生待人宽厚，拿庄周无可奈何。

这天，庄周去章老先生那里和他讨论自己看《老子》的最新体会，刚走到章老先生家门口，就看到几十乘车马在老先生的房前排起了长队，站在屋外的人都衣着华贵，向屋里搬运着大大小小的礼品盒子。庄周也没管那么多，直接就向屋里走去，谁知道被一个满脸横肉的大汉挡在了门外。

"小子，往哪里乱闯呢？也不睁开眼睛看看这里是不是你该来

的地方!"

庄周看这个大汉面孔陌生,听他说话也不是本地口音,倒像是都城那边的人,也没言语,绕开大汉正要向前迈步,又被大汉一把抓住。

"臭要饭的,别不识抬举,谁让你往这里走了,今天宋国曹大夫在此访友,你趁早离得远远的。要再不听话,我可要打你了!"

庄周今天的穿着实在不怎么样。这也难怪,他从来对穿什么样的衣服不太讲究,再加上他本来就长得黑黑瘦瘦,其貌不扬,又在山上河边满脸满身弄了不少树叶泥土,看上去实在像个要饭的。曹大夫名叫曹商,说起来还是庄周的师兄,比庄周高上几班,提前毕业了几年。前几年他被推荐为大夫,现在已经是宋国国君面前的红人了。据说前几天他还出使去了秦国,很得秦王的重视,在宋国也成了家喻户晓的人物。假如这个大汉不向他这么大声吼叫,庄周大概也能明白自己这样不宜进去。可眼下庄周却有些生气了,叫道:"我管你什么曹大夫不曹大夫的,这里我平时都来得,怎么今天就来不得?"

大汉平时大概也是作威作福惯了,觉得自己的主子是大官,压根瞧不起这些没权没势的老百姓,大叫一声,上来揪住庄周,抬手就要打。庄周奋力挣脱,喊道:"你们这些以貌取人的家伙,平时就会狐假虎威,仗势欺人。我今天要是穿的绫罗绸缎,你们敢这样对待我吗?"

两人这么一闹,屋外的人渐渐聚拢过来,这些人大多是大汉的同伴,身上都是衣着光鲜,看见庄周这个样子,都哄笑起来,心地好的便过来拉架,其他人则站在旁边看热闹,都以为是一个小要饭的跟曹大夫的随从起了争执。吵闹声越来越大,终于惊动了屋里的章老先生和曹商,两人急忙出门来看,正碰上庄周被团团围住,眼看就是一顿好打。

"住手,这是我的学生庄周,是不是大家有什么误会?大家有话好说!"章老先生赶紧过来制止。曹商听到是自己的师弟,急忙一挥手,驱散了这些随从。曹商一看,庄周本来就破旧不堪的衣服此时被撕扯得更加破烂,灰头土脸的。虽然没有挨打,但是黑瘦的脸已涨得发红,曹商怎么也难以把这样一个脏兮兮的人和自己的师弟联系在一起。他这次回到蒙县,一则是看望自己的老师;二则是出使秦国出了大名,要衣锦还乡,抖一抖威风;三则就是听人说到庄周的《秋水》是近年来少见的妙文,既然跟自己师出同门,总是要认识一下,看看这个人如果还算机灵,就想办法帮他找个差事,没准以后能有用到他的地方。但是曹商怎么也没想到,会在这样一种尴尬的情况下和庄周碰面。

庄周抬头看看自己这个名闻全国的师兄,先向章老先生鞠了一躬,行过师生之礼,然后再转向曹商,说:"小弟庄周,这位可是刚刚使秦归来的曹商师兄?"

曹商和随从们的脸一下都红了。随从们没想到这个不起眼的小子竟然是曹商大夫的同门师弟,心下有些惴惴不安。曹商则是因为当着这么多随从,被一个打扮得像叫花子的年轻人叫师兄,觉得失了自己的身份,急忙说道:"正是正是,师弟受惊了,快请进去说话吧。"同时吩咐手下随从不可再阻拦客人,免得再生事端。

曹商进屋之后,先对庄周说道:"我总听老师提到师弟的文章漂亮、学问渊博,《秋水》这篇文章更是广为传诵。上次商荡来这里负责察举,竟然没有把你推荐给国君,真是遗憾至极。不过商荡此人不学无术、鼠目寸光,我们也不用多提此事。这次我回到国都,一定要向国君推荐你入朝做官,贤弟这颗明珠,这下可就不会被埋没了。"说罢,一阵哈哈大笑。

章老先生听得明白,曹商言下之意不过是想拉拢庄周而已。可是,庄周最讨厌的就是别人跟他提做官的事情,急忙一阵咳嗽,想要打断曹商的话。曹商哪里知道,却自顾自地把话说完，瞧着庄周，看他识不识自己的抬举。庄周虽然心里厌恶，但是在这种场合也不好发作，只好避而不答，问道："曹商师兄，您此次出使秦国，不辱使命，让秦王不敢小觑我们宋国的人才，师兄不妨给我们详细说说这次出使的经历吧！"

一提起这次出使，曹商更得意得连嘴都合不拢了："其实哪有外面传言的那么风光！不过托了国君之福，我个人一点功劳都没有啊！我初到秦国，因为通习六艺经传被秦国国君看重，后来又因为秦人文化闭塞，没有好的乐工，更没有听过中原正统的礼乐。我为秦王奏乐，秦王很感兴趣，临行前就送了我很多车辆财物，并希望秦宋两国能保持现在的友好关系，让我多多到秦国去奏乐给他听。回国以后，国君听说此事也很高兴，夸赞我弘扬了宋国的文化，又能跟秦国保持友好关系，真是一举两得，于是又赏赐给我十乘车马。这都是国君的厚爱啊，也是我辈莫大的光荣啊！"

庄周最看不得别人这种奴颜婢膝的样子，眼睛瞧着别处，微微地哼了一声。曹商还沉醉在自己的美妙回忆里，指着门外的车辆说："师弟请看，这些就是秦王送给我的车马，是不是比我们的车马漂亮得多？你看这些马多有精神！今后你如果在街上乘骑这样的车马，任谁都要羡慕死的。贤弟，人生在世，就一定要有一番作为，愚兄这样也不能算是个好的榜样，贤弟前途未可限量，以后没准能位极人臣，做到宋国的宰相呢！"

庄周快要没法忍受这位师兄的庸俗了，老师在侧，毕竟不好发作，便对曹商淡淡地说道："曹大夫，其实我也没觉得眼下轻松自在的生活有什么不好啊！"希望曹商能明白，自己对于官场的荣华富贵不感兴趣，赶紧打住这个话题。

曹商一时间还没有发现庄周对他称呼的变化，只觉得自己的荣耀事迹没有得到热烈的赞美和艳羡，也没有惯常的奉承吹捧，心中颇有些不舒坦。又听到庄周说什么轻松自在的生活，觉得这位师弟未免有些清高自傲，多半是没见过世面的小家子气，这种性格在官场中最是要不得的，身为师兄，大有必要帮助一下这位师弟，于是更加喋喋不休起来："要知道，在穷乡僻壤过辛苦日子，哪里是咱们读书人应该过的生活！在这样的乡下地方，什么都没有，实在是乏味、闭塞至极。我们寒窗苦读，为的是什么呢？不就是为了让国君采纳我们的意见，欣赏我们的才华，如此，必然能得到大量赏赐，车马财宝、权势地位，应有尽有。这才是我们擅长的，如果我们不把我们擅长的事情做好，岂不是白白荒废了我们的本领吗？更何况人生在世，怎么能做井底之蛙呢？无论如何总要见见世面吧！不到大都城走一番，怎么能知道人生还有如此这般的享受和快乐……"

庄周实在忍无可忍，流露出极不耐烦的神情，但曹商毫无停止的意思，他只好打断曹商的话，问道："我听别人说，秦王有很严重的皮肤病，不知道是不是这样？"

曹商忽然被打断，非常不悦，却又被这个没头没脑的问题弄得有些奇怪，应道："是啊，我还亲眼看到他身上有好多脓疮在流血呢！"

庄周道："我还听人说，秦王生病以后去看医生，医生束手无策，于是在国内贴出告示，不管哪里来的人，只要能够为他除去这些脓疮，就赏他一乘车马；如果有人愿意为他把脓疮舔舐掉，就赏五乘车马。越是肮脏的事情，得到的赏赐就越多。曹大夫是不是也去给他治疗脓疮去了，这才能得到如此多的赏赐啊？"

曹商没有想到庄周的反应会这么激烈，尴尬地张大了嘴巴看着庄周。在他的脑海里，没有哪个人读书不是为了做官和享受的，即将到手的富贵，怎么会有人这么轻易就放弃了呢？他平时的聪明机变现在竟然一点都不剩，按道理讲他应该狂怒，但是现在他却感觉到诧异胜于狂怒，嘴里只能发出"你……我……你……"这样的声音。

庄周看他说不出话来，继续说道："您不过是拿国君的赏赐、朝廷的官位来诱惑我，殊不知世上就是有人不稀罕这种身外之物。"

庄周一席话说完，曹商终于开始有点回过神来了，跺着脚大骂庄周的不识抬举。庄周也不多留，拱了拱手，径自扬长而去。

晚间，庄周正在读书，忽听得有人敲自己的屋门，开门一看，竟然是章老先生来了。他急忙把老师让到屋里坐下，给老师恭恭敬敬地鞠了一躬："老师，我今天是不是又给您添麻烦了？"

章老先生笑道："麻烦倒算不上，我此次来，只是想跟你商量商量，以你现在的情况，待在宋国已经不合适了。一则你现在拒绝察举出仕；二则当面指斥声誉正隆的曹商，这些已令你背上恶名，被说成是蒙县的怪人，以后可能麻烦不会少。另外，我想你自小就在蒙县，也应当去各个诸侯国交游一番，这当然不似常人的求官邀誉，只是扩展自己的见闻，也是很有必要的啊！"

庄周很奇怪，便问章老先生："老师说得很是，但学生只对老子的'道'感兴趣，蒙县的生活可以温饱，又有秀丽的山水，让我能够贴近自然，我到其他诸侯国去发展、交游，又有什么用处呢？"

章老先生耐心地给他解释："首先，是你的修道在蒙县未必能够安安静静地进行下去了。曹商这个人跟从我学习多年，我心里很清楚他的为人。此人心胸狭窄，不能容物，你这次如此折辱他，他定不会善罢甘休。更何况，我相信你的一番话对他不可能全无影响。这样的话，他就更要报复你了。这个人从小心性如此，所以才能爬到现在的高位。其次，谈到修道，'为学日益，为道日损'，这话固然不错，但是天下修道之人何止你一个？你忘了我给你讲过的吗？老子后学在各国都有发展，你去了解一下，总没有什么坏处。等你在外度过一段时间，该了解的都了解了，不妨再回到蒙县继续你的修道，到时候你对道的领悟会更深刻啊！"

章老先生看庄周正在低头沉思，顿了一顿，继续说道："老子的故乡就在楚国的苦县，我建议你不妨先南下楚国游历一遭，然后辗转向北。听说惠施在魏国也很受重用，可以考虑去找找他。另外……"章老先生拿出一个鼓鼓囊囊的袋子来，"这里有些钱，不是太多，你尽管拿去用吧！拿去，不可和我推让！我知道你家里情况不比别的同学，只是薄有积蓄而已。"听到老先生这么说，庄周也只好把钱收下了。

终于下定了决心要去各国游历，师生二人少不了一番长吁短叹。章老先生年届古稀，私塾已经准备另请老师，他也不打算再带下一届的学生了。庄周这一去，不知两人何时才能重聚。幸好两人都是旷达之人，没有什么过多的离愁别绪，却是把臂谈天，直至深夜章老先生才尽兴而归，庄周则收拾起行囊来。他是个从没出过远门的人，也没想过一路上会如何跋山涉水、行路艰难，只是想天底下没有翻不过去的山，没有走不过去的路。

庄周一人一马，背着一个小小的包袱，就这样独自踏上了南下楚国的道路。

名人名言·智慧

1. 为了中华民族的繁荣富强，我要献出全部学识智慧。

　　　　　　　　——钱伟长

2. 智慧才是一个人成功最大的条件之一，缺了它，什么
也不成。

　　　　　　　　——三毛

3. 人类的智慧就是快乐的源泉。

　　　　　　　　——［意大利］薄迦丘

4. 智慧是经验之女。

　　　　　　　　——［意大利］达·芬奇

5. 当智慧骄傲到不肯哭泣，庄严到不肯欢乐，自满到不
肯看人的时候，就不成为智慧了。

　　　　　　　　——［黎巴嫩］纪伯伦

6. 智慧的可靠标志就是能够在平凡中发现奇迹。

　　　　　　　　——［美］爱默生

7. 青年是学习智慧的时期，中年是付诸实践的时期。

　　　　　　　　——［法］卢梭

8. 即使一个智慧的地狱，也比一个愚昧的天堂好些。

　　　　　　　　——［法］雨果

9. 智慧是一座岛屿，被人间的波涛侵蚀了，淹没了，直
要等大潮退落的时候，才能重新浮现。

　　　　　　　　——［法］罗曼·罗兰

10. 人类的智慧是精神活动的可怜的、微不足道的动力！

　　　　　　　　——［俄］列夫·托尔斯泰

◁ 第三章 ▷

Zhuangzi

浪迹天涯

一个人抱着什么目的去游历，他在游历中，就只知道获取同他的目的有关的知识。

——［法］卢梭

▶ 盗钩窃国

　　庄周从小听中原的人谈到楚蛮，总是用一种鄙夷不屑的口气，但言语间又明明流露出欣羡向往的神情。尤其是楚地沅湘之间特异的风物民情、山水胜景，引起庄周的极大兴趣。因此，不知从什么时候开始，庄周产生了一个强烈的愿望，他想亲自到楚国去看一看。

　　对庄周来说，仅仅是那些粗略的讲述，已经为他勾画出了一幅亲切而又诱人的图画。他在这幅图画中发现了与自己的志趣性情相一致的、合乎人性的、天然朴素的清新生活，这种生活与他现在正置身于其中的生活迥然不同。他现在的生活，浸润着虚伪的仁义理想，被礼治的说教重重枷锁着，沉重、阴黑、不堪忍受。他早就想弃之而去，去追寻一种适意的任性、忘我的生活。而楚地的生活，正是这样一个理想之地。当他勉强忍受那些圣训的聒噪时，他心里暗暗打定了主意：他要离开蒙邑，走出宋国，漂泊江湖，浪迹天涯。而首先要去的地方，当然是楚越之地。在23岁左右，庄周告别了家乡，由中原向南方出发了。

　　庄周就这样来到了楚地，楚人也很喜欢这个来自中原的汉人，经常邀他到家里饮酒聚会，庄周充分体会到了这种快乐。但他也知道这里始终不是自己的久留之地，特别是当章老先生回信之后，他更打定了要到北方各国去看看的主意。

　　章老先生的回信上说道，宋国这几天发生了一件大事。宋君惕成外出巡游，在路上遭到了他弟弟君偃埋伏的人马袭击，惕成身受重伤，拼命奋战才得以脱险，跑到齐国去了，但终因伤重不治而亡。君偃趁此时机，夺得都城，排挤出了朝中的异己势力，成了下一任国君。君偃刚刚上台不久，就发动群臣上奏周王室，要求宋国称王。本来宋国是个只能称侯的小国，现在称王的用意很明显，显然是打算把自己和中原齐、燕、赵、魏、韩五大国及西陲秦国、南方楚国摆在同一地位上。况且君偃是有名的好战派，一直对南面的楚国心怀不满。据说楚国也对他心存警惕，就算宋国不挑起战争，楚国也很可能会采取先下手为强的策略抢先开战。君偃这次上台，楚宋战争可谓一触即发，到时庄周很可能成为一个滞留在楚国的宋人，肯定要受到楚人的监视和关押，所以楚国已经不是久留之地。以眼下情况来看，回宋国也不是万全之策，唯今之计只有从楚地出发，借道鲁国，投奔在魏国的惠施去了。

　　庄周看了信，非常寒心。不光是他眼前的快乐生活就要结束了，而且为避战火而浪迹天涯更是他所不喜欢的，但是他又能有什么选择呢？他想起小时候，一次蒙县的地方官要斩首一个盗贼，他问旁边的大人："这个人怎么被绑在木桩子上呢？"

　　"因为他要被杀头啦！"大人兴高采烈地告诉他。

　　"为什么要杀他的头呢？"

　　"因为他偷了别人的东西，是个惯犯，不杀他不足以平民愤。"

　　一个偷了别人东西的小偷就要被杀头，而今天这个窃国大盗却稳稳当当地坐在他的宝座上，骑在老百姓的头上作威作福，甚至还要称王了！人们杀小偷的理由是这个小偷做了不义之事，那么人们为什么就没有用同样的理由把君偃这个偷了国家的大盗杀掉呢？相反，大家却能够逆来顺受，明知道君偃的错误，还乐于把自己交给他统治而毫无异议！

　　"圣人不死，大盗不止！"

　　庄周奋笔疾书，给章老先生写了回信：

　　人们怕小偷来偷自己家的东西，于是都会把箱子锁好、门窗关紧，这就是世俗中所谓的聪明人。然而，真正的大盗来了，他

成长关键词　想象力、勤学、渊博

Zhuangzi

们直接把锁好的箱子扛起就走，而且还怕这些箱子锁得不紧，搬到半路东西会掉出来。这些聪明人如此用心看护的财物，岂不是都便宜大盗了吗？所以学生常常想，世上这些聪明人，谁不是在为大盗守着财物？那些圣人们，不都是大盗的帮凶吗？学生读书的时候曾经读过齐国的历史。当年齐简公的时候，国力何等强盛，国内一片歌舞升平的景象。齐国方圆两千多里，都是齐国百姓打猎、捕鱼、犁锄耕种的地方。各个乡村都有自己的宗庙，还供奉着土地神和谷神。这些乡村的长官，从小就学习圣人之道。就是这样的一个齐国，就是这样的一位简公，谁想田成子作乱，杀简公而立傀儡国君平公，自己成了国家的太上皇。这种窃国大盗竟然得到了齐国百姓的承认！田成子偷走的仅仅只是一个齐国吗？不！他是打着圣人的礼制法度的旗号来篡权的，所以他连整个礼制法度都一并偷走了。田成子这种人，明明是个窃国大盗，却安乐有如帝王。小国不敢说不，大国不敢打抱不平。到现在，田家的人还控制着齐国的军政大权。就算如此，田氏也还没有到今天的君偃这个地步，竟然还要僭越称王了！

　　贤人如龙逄、比干又能如何？还不是暴君利用了食君之禄、忠君之事的礼法，把他们都杀掉了。以横行无忌而著称，令各国国君都头疼不已的大盗盗跖，曾经对他的伙计们讲过，就是大盗也有他们自己的"道"。要抢劫一家民宅，先要估摸一下那家有什么财物，能猜测个八九不离十，这就是英明；能够第一个闯进去，这就是勇敢；能够忍着最后一个进去，这就叫讲义气；分析抢劫能不能成功，这就叫智慧；把抢来的东西分配合理，让大家没有异议，这就是仁德。不具备这五个条件，却成为天下第一大盗的人，可以说从来没有过。盗跖要不是懂得仁义礼智这些圣人的道理，他怎么会成为天下第一大盗呢？所以，圣人为天下百姓造福很少，惹的祸害却很多了。圣人出现了，大盗就跟着出现了。把圣人的神像统统摧垮，盗贼这种东西自然也就没有了。圣人和大盗都是相对而生的，没有圣人，大盗自然就没有了。很多贵族为了欺骗百姓，借贷粮食的时候，大斗出，小斗入，获取了民心，从而做好了篡权的准备，斗、斛、权、衡就是这样被盗用了。同样的道理，圣人拿仁义来匡正百姓，最后百姓就被这种虚仁假义欺骗了，仁义就这样被盗用了。君偃这种人，惕成给他再大的官，也不可能满足他的胃口，他的贪欲越来越大，就是因为有圣人教化在那里帮助他，圣人的教化成了帮助大盗的工具，又如何不是国家之耻？

庄周匆匆把信写完，自己也急忙动身赶往鲁国去了。刚刚进入鲁国国境，就听说君偃派兵攻打楚国，竟然取得一场大胜，楚兵伏尸三百里。君偃冲着楚国的方向，用皮囊盛血，悬挂在空中，再用弓箭射破，将这种举动称为"射天"。君偃若不胜还好，在各国看来，他只是个取笑于人的妄人而已。现在君偃既然大胜，就成了各国的眼中之钉、肉中之刺，加上他"射天"的这种妄行，实在招人忌，宋国已经不再是以前那个安乐之所了。

▶ 庖丁解牛

庄周到了魏国，找到了惠施，惠施就带庄周进宫见了魏王，魏惠王的宫殿并不是非常华丽，这一点足以说明魏惠王还算是个勤俭爱民的君王。庄周在廊下等着，惠施先去通禀。这时，正好快到午膳的时间了。廊下来了几个小厮，抬着一头牛。因为里面就是魏王的寝宫，宰牛的师傅不能入内，所以就要把牛抬到廊下来宰杀，以尽快送到厨房去烹饪，宰牛的师傅随后来到。

在庄周的印象中，宰猪宰牛的屠夫往往是满脸油光，身上衣服油腻腻的人，腰间别着满是油和锈的钢刀；但是，眼前这个宰牛师傅却截然不同，没有满脸的横肉，显得很斯文，身上的衣服一点油渍都看不到，别在身上的刀很干净、很薄，一看就知道不是普通的屠夫。

只见这位宰牛师傅围着牛走了一圈，按了按牛身上的肌肉，拔下腰间的屠牛刀，开始动手宰牛。他手上使劲，肩部微微靠住牛身，用脚和膝盖抵住牛臀，牛身上的肉就哗啦哗啦地被割了下来。一整头牛不到一会儿的工夫，就只剩下一堆肉和一堆骨头了。这哪里是宰牛？简直像奏乐起舞一样悠然自得啊！

庄周看得出神，忽然发现自己身后不知何时多了一个人。这个人看上去三十出头，颔下有微小的胡须，一张方脸不怒自威，锦衣华服，也背着手在看这个宰牛师傅神乎其技的表演。宰牛师傅刚刚宰完这头牛，这个中年人就走上前说道："哎呀，真是太漂亮了，要不是我亲眼目睹，还难以想象天底下竟然有人能这样宰牛啊！"

宰牛师傅放下刀说："我只是在不断追求宰牛的道，所以才达到了宰牛技术的巅峰。我刚开始宰牛的时候，眼前就是这么一整头牛。宰了三年牛以后，眼里已经没有活生生的牛了，因为心里对牛的身体组织已经有数，想的就是牛的各个部分了。现在的我，宰牛的时候已经能做到凭着我对牛的身体结构的理解下刀，不需要再去看着这头牛了。心里把握了牛的肌肉、骨骼，就是闭着眼睛也能把牛宰掉。顺着牛天然的结构，在筋骨间的空隙里下刀，刀锋只在牛骨节的窍穴里游走，明白了它的本来结构就可以了。我的刀从来没有碰到过牛筋骨相连的地方，更何况那些大骨头呢？好的屠夫用割肉的方法，一年换一次刀；平庸的屠夫用砍的方法，每个月就要换一次刀。您看我手上的这把刀，已经用了十九年了，宰了不知道几千头牛，但是只看刀刃，还以为是刚刚在磨刀石上磨出来的新刀呢！牛骨节里的空隙很大，而刀刃很薄，用很薄的刀刃切入骨节中，刀锋的运转当然是游刃有余了。但是有的时候，我也会遇到牛骨聚集的地方，这时我会很小心谨慎，开始集中精神，放缓动作，一点一点地移动刀锋，牛肉哗的一声跟骨头分开，堆在了地上，我提刀站在原地，也会感到得意，把刀擦干净，等待下一次的屠牛。"

这个华服中年听了宰牛师傅的一席话，感叹道："了不起啊！听了您的一席话，让我明白了人的养生之道啊！"宰牛师傅把刀收好，冲中年人行了个礼，带着小厮把牛肉送到厨房去了。庄周却在想，魏国不愧是中原大国，连一个屠夫都有这等见识与能耐。这个中年人更是了不起，竟然能够举一反三，从屠牛这种事情上体味到养生之道，可见天资过人啊！

庖丁解牛

正在这时，只见惠施恭恭敬敬地从官门走出来。到了这个中年人的身后，向他深深地鞠了一躬，手一指庄周："大王，这就是庄周先生。"庄周吓了一跳，原来这个人就是魏惠王，可看上去一点也不像平时大家说的那种一国之君的样子。魏惠王脸上没有那么多的骄横之气，衣着虽然华贵，但并不给人以奢侈的感觉，脸上的雍容气度却在提醒别人不要忘记他的身份。庄周发自内心地向他微微欠身行礼。

魏惠王说道："庄周先生不愧是惠施敬重的人，只是这份不卑不亢的气度，连寡人看了也很心折。经常听惠施提起先生，说当今之世，修道最为有成的就是先生，还望先生有以教我。"魏王的态度无愧于惠施对他的评价，确实是当世国君中罕见的能够礼贤下士的君主。庄周不觉收敛了些轻狂之态，正色道："正如大王刚刚所说，道家追求的不外是养生之道，以乐天养命为目的，努力减少自己肉体上和精神上的疲劳。"

"乐天养命，概括得好。"魏惠王轻轻地瞥了一眼庄周，"那先

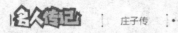

生的样子却为何如此狼狈啊？"

庄周低头看了看自己的粗布衣服，上面还打了几块补丁，腰带歪歪斜斜，踢踏着一双草鞋。惠施赶忙在旁边说道："是臣的不是，赶着叫他前来拜见大王，忘了让他整理一下着装了。庄周平日习惯了放浪形骸，望大王万勿怪罪！"

只见庄周坦然答道："大王，我这不是狼狈，是贫穷。"

"那先生所谓的狼狈与贫穷又有什么区别呢？"魏王继续发问。

庄周说道："志士有道德而不得施行，因而在失望中，心中没有一个精神支柱，没有自己的理想追求，那样才能说是狼狈。像我这样衣服破烂、鞋子磨穿的只能说是贫穷，因为我有自己的精神支柱，有自己的理想追求。"

魏王又问道："既然先生有自己的精神支柱，又有自己的理想追求，那么为什么搞得如此贫穷呢？"

庄子回答说："我的贫穷不是我造成的，而是这个民不聊生的战乱时代造成的。大王难道没有见过那善于腾跃的猿猴吗？它们在高大挺拔的树林中时，揽枝而跃，在其间怡然自得。它们身手敏捷，动作迅速，就是羿与蓬蒙这些善于射击的人也不能瞄准射中它们。等到它们在低矮杂乱的灌木丛中时，它们行动谨慎而左顾右盼，内心震惊，畏惧战栗，每走一步都要小心翼翼。这时候，猿猴并不是因为过度紧张而使筋骨不像先前那么柔软灵活，而是因为此处形势不利，不足以施展它们固有的本领。如今我们所生活的这个年代，君王昏庸，大臣奸佞，远胜于猿猴们所碰到的荆棘。生活于昏君与乱相之世而想要不贫穷，怎么可能呢？"

庄周的话这么尖锐，惠施听得直冒冷汗，一个劲地咳嗽暗示，向他使眼色。

魏惠王听罢哈哈大笑，说道："那么，我今天想提供给先生一片'高大挺拔的树林'，先生愿意在我魏国一展大才吗？"

庄周摇摇头道："这却不是我所愿的了，我给您再讲一个故事

第三章　浪迹天涯

吧。我在楚国的时候，有一天去水边钓鱼，有两个做官的人跑到我跟前，对我说：'我们都是楚国大夫，楚王听说庄周先生在此，特命我二人前来请先生晋谒大王，大王愿将国事相付。'我拿着钓竿，看都不看他们两个，说：'我听说你们楚国有一只神龟，已经死去了几千年，你们的大王把神龟的龟壳用小竹箱装殓起来，珍藏在深宫之中。你们都来说说，假如这只神龟还活着，它是宁可死了把自己的尸骨给不相干的人拿去珍藏呢，还是希望活着在泥坑中惬意地打滚呢？'这两个大夫就说了：'当然是希望在泥坑里打滚啰！'我说：'那就是了，二位请回吧，我还要接着在泥坑里打滚呢。'"

魏惠王说道："先生是真隐士，既然不愿意做官，本王也不便勉强，就请先生多指导我一些修身养性的功夫吧！"庄子见魏惠王诚意难却，便每日随同惠施进宫，不时给魏惠王讲授些他在楚地所悟到的道，跟惠施一起劝解魏惠王息兵养民，倒真让魏国的百姓蒙福不浅。

成长关键词 ↓ 想象力、勤学、渊博

▶ 赵国好武

这天，惠施为他准备了足够周游列国的盘缠，庄周收拾好行囊，两人依依惜别。惠施骑马跟着出使赵国的车队送了很远，这才眼望着庄周一路绝尘而去。

从魏国到赵国并不算很远，两个国家的国君本来都是晋国国君的臣下，但是因为他们的实力日渐增强，而晋国国力日渐削弱，所以当时的赵襄子、魏桓子、韩康子三家大夫起兵，将晋国瓜分了，这就是历史上著名的"三家分晋"，所以一般人都称赵、魏、韩三国为"三晋"。三晋之间的关系分分合合，三国的国力相差不多。韩国相对最为弱小；赵国北面边境是虎视眈眈的匈奴，经常南下洗劫百姓；魏国则总要面对西边秦国的侵犯。有时三国之间会为了利益不均而兵戎相见，更多的时候，三国会出于历史渊源的关系而结成统一战线。这次针对宋国的会议，正是由魏国发起的。宋国国君君偃实行黩武政策，让很多国家都对他不满。但是，宋国同时又成为魏国背后的一道缓冲地带，防备了楚国的威胁。不过和弱小的宋国作战总要比防备强大的楚国来得安心一些，所以，三晋的会议意义非比寻常。而这一次，魏国希望能拉拢赵国一同制定对宋国的政策，必要时一致行动，同时要防备齐国对三晋的干涉。

和使团一进赵国都城邯郸，庄周就觉得这个国家不太对劲。他去过那么多国家，像赵国邯郸这样的大都市，竟然满大街的店铺都没有什么人进出，很多店铺一看就是快要倒闭的样子。再看那些武馆，简直是门庭若市，高矮胖瘦各色人等穿着武士服进进出出，还有很多人操着外地口音带着小孩来到武馆报名，就连魏国使团下榻的驿馆墙上也都贴满了各个武馆招生的告示，这可真是个奇观了。

使团车马到达驿馆，众人下车。依着庄周本来的打算，等使团安顿下来，他便托使臣带个口信给惠施，他就自由行动了，不再和他们混在一起了。没想到众人下车之后，马上从远处来了一群人，为首一个青年男子，二十五六岁，脸色惶急。一见到魏国使团的大队人马下了车，他便快步走了过来，边走边喊："众位请留步！众位请留步！请问庄周先生是否在这里？"

庄周抬头看了看这个青年，不认识，只好上前应道："我就是庄周，这位朋友有什么事情要找我吗？"

青年一见庄周，立刻长揖到地，说："久闻先生大名，我家主人有一事想请教先生，能否请先生借一步说话？"庄周略一沉思，便答应了。这个青年男子恭敬地在前面引路，后面跟了一群同来的仆从，走在庄周和青年的两侧，一同上了附近的一个酒楼。惠施早已知会使团的领队，知道庄周到了邯郸就要离开，使团人员也不多问，自去驿馆休息了。

上得酒楼，青年要了一个单间，把庄周请了进去，支开左右众人，里面已经摆好了一桌酒席，青年对庄周深施一礼，道："庄周先生请坐！"庄周可没有什么顾忌，大大咧咧往椅子上一坐，也不搭话，只是疑惑地看着这个青年。

"我家主人不是别人，正是当今赵国的太子赵悝！"青年对庄周悄声说道，"太子悝得到魏相惠施的密信，得知先生随使团前来赵国。惠施丞相信中提到您的智慧渊深如海，辩才无碍，太子悝有一件非常棘手的事情希望能获得您的帮助。"

庄周微微点头，这个青年继续讲了下去。

原来赵国的国君赵文王是个非常尚武的君主，他没有君偃那么疯狂，并不打算频繁地对外开战。但是他坚信，只有依靠武力才能压制其他诸侯国，于是在内宫养了三千多名剑手，每天在皇宫里练习击剑刺杀的技巧。一年之内，在宫殿里比武较技而死的剑手就有一百多人。大家都知道赵文王好剑，所以赵国各地的人都竞相学习剑术。赵文王索性颁下命令，只要剑术高超者，都能被选入宫中进行剑术比试，比试优胜者就可以加官进爵。这样过了三年多，赵国武风大盛，但是没见到国力的增强，反而更加衰弱了。怎么回事呢？原来大半的农民都去练习剑术，城中武馆林立，很多本来有职业的人，都变成了整天游手好闲只知道到处找人比试武艺的武士，部队里的士兵更是约束不住，经常有私斗的事件发生。可这一切，高高在上的赵文王却并不知道。他只觉得，当年赵武灵王胡服骑射，开一代武风，使得赵国的军事力量远远领先三晋中的另外两国，令强悍如秦国者也不敢轻视，而这些都是讲武练兵的功效。但是他却没想过，讲武练兵不等于全民练剑，不等于每天不理政事，只是一味地观看各地来的剑客较量武艺。他还自以为是个勤政爱民的国君呢！

太子悝的头脑倒还冷静，他几次试图劝谏，但都碰了钉子。而且为了这件事，太子悝和文王的父子关系竟然渐成水火之势。

成长关键词 想象力、勤学、渊博

Zhuangzi

太子悝暗地里提出赏格，在自己的门客当中，如果哪一个人有本事让文王不再招揽斗剑之士，他就赏给这个人千两黄金。本以为重赏之下必有勇夫，谁知这样高的奖赏还是未能令一个人拿出办法来。

这次三晋同盟的会议召开，给了太子悝一个机会。因为他和惠施都是赞成弭兵息战、保境养民的，希望三晋同盟能够对宋君偃采取怀柔的态度。只要君偃不主动向三晋挑战，三晋同盟就不会对宋国动手，主要的精力仍然会放在西边的秦国身上。而赵文王受剑客的武风影响，一直希望有机会打上一仗，好炫耀自己的武力。惠施本是宋人，不希望自己的祖国生灵涂炭，他自然知道此次三晋会议最大的障碍就是赵文王的态度。所以，只有说服赵文王才能保证达到自己的目的，于是就发密函给太子悝，推荐庄周劝谏赵文王放弃剑术这个嗜好。

庄周把话听完，哈哈一笑，先施一礼，说道："能够蒙赵国太子款待，庄周先当面谢过了！"这个青年听得此言，吓了一跳，赶紧还礼道："原来先生早就已经认出我了，跟先生故弄玄虚，倒叫先生笑话了！"

庄周把手一摆，说道："没什么，没什么，只是太子来找我的时候，周围仆从的排场已经露了馅，再加上太子说起赵文王好剑的时候，不知不觉中面带忧色，这不是普通的下人会有的。对中原诸国的情势了解得这么清楚，分析得如此透彻，不是太子亲至，又会是谁呢？

"这个事情我已经有办法了，现在要稍微准备一下。三天后的这个时候，请太子还是来此地找我吧！"

太子悝一听，赶忙说道："先生今后下榻何处？我也好把曾承诺的千两赏金送过去。"

庄周笑道："太子想让我劝谏赵文王放弃对剑术的爱好，假如我的劝说不称大王的心，十有八九大王要龙颜震怒，甚至会把我这个宋国来的'奸细'拖出去一刀斩了。到时候，不光是太子您托付的事情办不成，还要丢我老朋友惠施的面子，甚至连我的国家都会面临危难，那我要您的黄金千两还有什么用处呢？假如我这一次能顺利劝说大王回心转意，能取得皆大欢喜的结局，再要这些也不迟，您还是等我的好消息吧！"

太子悝道："可是现在父王只见那些剑手，尽管我可以把先生带进宫去，但是父王不见先生，也是枉然。"

庄周一瞪眼睛："谁说的？我就是个剑手啊！您看不出来吗？"

太子悝愣了愣，说道："我明白了，先生定是要打扮成剑手的样子，混进去拜见父王。可是父王召见的剑手，与先生的样子大大不同。他们头发蓬松如乱草一般，鬓角高高翘起，戴着又厚又重的帽子，横七竖八地扎着帽缨，穿着短小的衣服，不管冲着谁都要瞪大了眼睛，腮帮子鼓鼓的，说起话来像打雷一样，身上的肌肉饱满凸起，还要脸上带着几块刀疤。父王见到这样的剑手，才乐意跟他们说话。您的穿着、长相，怎么看也不像个练家子，您就这样子装成剑手去见父王的话，非要砸锅不可啊！"

庄周说道："太子放心吧，没有这个本事，我也不敢揽这件事上身。让您给我三天时间，就是为了去置备武士服装和长剑一口。到时候您见了大王，只需说我是从楚国学艺归来的宋国第一剑客，专门向各国剑手挑战的。"

太子悝更担心了，摇着手说："先生万万不可，这击剑刺杀之术可不是闹着玩的，万一父王要先生和其他剑手比武可怎么办？比武过招动辄便有性命之忧，就是伤着了也是常有的事情，先生万万不可啊！"

庄周不耐烦地说道："我既然答应帮您，心中自然有了定计。我前段时间云游南方，得遇异人传授剑术，还能模拟飞鸟翔击空中，所用招数不属于任何剑派，名曰'御剑术'。你们大王宫中的剑手肯定没有一人是我的对手。比武的时候，他们恐怕连我的衣服边都沾不到半点，我能有什么生命危险！我看到时候断胳膊断腿的是他们，您不用多说啦！我去准备了，三天之后咱们还在这里见面。"说罢，夺门而出，也不理会太子悝，只把一个赵国太子孤零零地扔在酒楼的单间里发了半晌的愣。庄周就这么飘飘然离去了。

▶ 以剑喻道

三天后，庄周果然守信，按时到了酒楼上的这个单间，和太子悝碰了面。太子悝一见庄周，差点没认出来，庄周换上了武士服之后，把连日没有刮的胡子都剃掉了，把破衣服、烂草鞋换成了厚底靴子。别的武士喜欢把长剑别在腰间，或者背在身上，可庄周呢？把剑扛在肩上，长长的剑鞘上有一层古朴的花纹，显得这柄剑又厚又重。庄周站在那里左顾右盼，脸上神采飞扬，远远看去，哪里还像一个周游列国的绝代智者，简直就是一个有点吊儿郎当的不羁剑客。

太子悝见到庄周的这一装束，心里一惊，感觉确实是有那么点意思了，但还是对庄周的剑术不抱太大希望，可看着庄周踌躇满志的样子，又有点将信将疑。庄周好像把比武这种事情一点都不放在心上，只是催着太子悝快带他进宫去。太子悝无计可施，只好带庄周上车，一路直奔赵文王的内宫而去。

通禀过后，庄周没费什么周折就来到了赵文王观看剑手比试的大殿之上，大殿两旁站立着一大堆粗壮的汉子，个个都像太子悝形容的那样威武剽悍，虎视眈眈地看着庄周。赵文王听说太子悝找来了一位专门向各国剑手挑战的宋国第一高手，乐得嘴都合不拢了，站在大殿当中，也穿了一身劲装，只是比普通的武士服要华贵得多。赵文王两手叉腰，大喝道："宋国来的剑手在哪里？"

庄周就像平时那样，见了一国之君也不行礼，只是直挺挺地面对着赵文王上前答话："我就是宋国庄周！"赵文王整天与剑手厮混在一起，早就习惯了剑手们的江湖做派，也没有太在意庄周的失礼。但是，他本来期待的可能是一声炸雷般的回答，现在，庄周回答的声音不大，甚至有点过于温和了。再看看这个人，横看竖看也不是个练家子，心想这个庄周的胳膊也太细了嘛！赵文王皱皱眉头，说："你就是号称宋国第一高手的庄周？就你这个身量，你也算个练武之人？黑黑瘦瘦的，只怕我随便找个人来，单手也能把你从地上给提起来吧！"

"我的武功剑术，和大王身边这些人的不同。这些人练的不过是身子表面的筋骨，我练的是内家功夫。大王别看我瘦，我这叫缩小绵软功，可不同于普通的武士。"太子悝听了庄周的答话，不由得心中一乐，别看平时从没见过庄周舞枪弄棒，说起练功夫的事情来竟然还一套一套的，或许他真是成竹在胸，那么今日之事，可就有望成功了。

"何谓内家功夫呢？我怎么从来没听人说过呀？"

赵文王第一次听到这个新词，他的好奇心被庄周提了上来，赶紧问道。

"那是因为，现在的武师大多是以练笨力气为主，无非是拧棒子、抖麻辫子、扔沙袋子、举石锁、举礅子，等等。要说起力气大，黄牛、水牛的力气可比人大多了，怎么黄牛、水牛不能成为高手呢？像这么练功夫可不管什么用。"庄周把脸一板，摆出一副威武自得的样子。口中说话，手上比画，直把身边的几十号彪形大汉气得脸色发紫，如同酱过的猪肝一般。

"噢噢，您说的是！那您快点说说这功夫到底应该怎么练啊？"赵文王不愧是好剑成癖，竟然急不可耐地向庄周讨教了起来。

"我说的内家功夫啊，是讲究练气。天地开创之时，无极而有极，阴阳化生，此为太极，太极生两仪，两仪生四象，四象生八卦，其中无非是阴阳二气的生克演化。我现在往这里一站，您看我这个姿势，两脚不丁不八，眼观鼻，鼻观口，口问心，沉心伏气，与天地贯通，就可以气注全身。这就是所谓的内家功夫。"庄周讲得津津有味，太子悝在一边听了个莫名其妙，旁边的几个剑手更是云山雾罩，不知道他在讲些什么，只好像看怪物一样看着这个黑黑瘦瘦的小子。

"嘿呀！练气有什么用啊！我看您也别光说不练，还是手底下见个真章吧！胡六，过来，陪庄周先生过过汗儿吧！"（"过过汗儿"是武行里面的行话，就是看看一个人的武艺如何。）只见两边剑手中闪出一个人，也不答话，挺起手中长剑冲庄周做势，就要刺出。

庄周看着剑尖闪动，挥挥手中没有出鞘的剑，口中说道："剑术之道，在抱神守一，主要看心、气、胆。"谁也没看清楚胡六的长剑是怎么被挡开的，只是见庄周似乎微微一动，胡六的剑已经走空，一个踉跄，胡六差点一头扑进庄周怀里。

"心与意合，气与力合，胆与神合，是谓六合。"庄周口中念诵，手上一点儿不慢，也没见到他怎么用力，只是轻轻劈刺一剑，胡六就像招架不住一样，手上的长剑当啷作响，竟然让庄周轻轻地震落在地。

赵文王和众剑手大惊失色，这胡六在赵国可算得是一个高手，膂力过人，接得住他当头一剑的人在赵国少之又少，没想到竟然让庄周这么一个瘦小的人将长剑震得脱手，更何况庄周的剑尚未出鞘，这对一个剑手来说简直就是奇耻大辱。

太子悝在旁边本来暗暗替庄周捏了一把汗，见到庄周竟然举重若轻地赢了这一场，高兴得差点高声叫起好来，却又硬生生地将这个"好"字吞下肚里，只看着庄周下面又有什么惊人的举动。

庄周却似浑不在意，好像什么都没发生过一样，说道："大王光凭我的相貌，便以为我的膂力不足，无法练就高明的剑法。殊不知内家功夫讲究功力内敛，在内而不在外，出手之时似不用力，但只要一发力，贯注全身的天地之气就随之而出，无可抵御，人力终归有限，如何能当此一击？"

赵文王看得两眼发亮，忙问道："庄周先生，太子将您推荐来的时候说，您在南方得异人传授，剑法不属各大门派之中，仿效飞鸟翔击空中，名为'御剑术'。刚才您用的是这御剑之术吗？"

庄周淡淡一笑道："正是，以气御剑，一切顺乎天理，不管剑出鞘与否，哪怕是飞花拈叶，都可以伤人，更何况这么厚重的剑鞘呢？如果能学会这种自然之法，就能练到我的境界。只要剑一出手，十

庄子以剑喻道

步之内，无人能靠近我的身体；千里之外，所向披靡，可以取人首级于无形。"

赵文王更好奇地问道："我看您的剑并未出鞘啊！照您这么说，您这口重剑难道只是个剑鞘不成？"

庄周轻笑一声，将这口厚重的剑鞘缓缓摘下。众人一看之下，连太子悝在内，都吃了一惊。只见庄周手中只有一个剑柄，剑鞘里面竟然没有剑身的影子！众人还在惊异间，庄周又说："大家没有看到我的剑，其实我的剑就在这里，只是大小不定，大时可以充塞天地之间，舍剑无一物；小时可以化为无形，藏于心中。"

赵文王忙追问道："这又是什么道理？请先生快给我说说，我若能有这等剑术，岂不是天下无敌了吗？"

"正是，但是我修炼御剑之术的时候，练有三种剑，您可以自己选择学习哪一种。请允许我先给您讲解其中的要诀，然后我们再开始学习。"赵文王见庄周许诺传授自己了，高兴得简直不知道如何是好，赶快凑上来说道："先生请说，先生请说！"转身冲着大殿上的人一挥手，"你们统统下去！江湖上传授武功，哪能让你们这些闲杂人等旁观？"太子悝还有点犹豫，因为不清楚庄周葫芦

里卖的什么药，便想找个托辞留下来。庄周冲他一摆手，太子悝知道他一定是心有成算，也就缓缓退出大殿之外了。

庄周见大殿上的人都已经走了，便正色道："我的这三种剑，各个不同，从高到下分别有天子之剑、诸侯之剑和庶人之剑。"赵文王一听到天子之剑，马上联想起周朝全盛时期，号令诸侯，尊贵无比。他崇尚剑术，当然不会对天子之位毫无觊觎，但自己知道实现野心的机会并不大，这个时候听到"天子之剑"的名号，自然是非常激动，忙不迭地问道："先生快给我讲讲这天子之剑是什么啊！"

庄周正色答道："天子之剑，以燕国的燕豀和塞北的石城为它的剑锋，齐国的泰山做它的剑刃，晋国和卫国做它的剑脊，周地和宋国做它的剑环护手，韩国和魏国做它的剑柄。天子之剑没有剑鞘，平时被周围的四夷包着，被春夏秋冬四时之气裹着，被渤海缠绕着，恒山就是外面的系带。天子之剑按照五行生克的至理来统治天地，用刑赏分明来驾驭臣下，依照阴阳开合而变化，根据四时的变化来运用。这柄剑向前刺出就能一往无前，向上一举就能凌驾万物，向下一按能威压众生，根本就没有什么别的武器能跟它相提并论。这把天子之剑，向天一指，天顶上的浮云也会被它隔断；向下一劈，地底的地脉也会被它斩裂。如果有这样的一柄天子之剑，只需要随手挥动几下，就能够做到匡正诸侯，天下归心，这就是天子之剑了！"

赵文王听庄周说完天子之剑，心中只觉得怅然若失，因为听上去他根本没办法练就这种天子之剑。他手中这把剑跟天子之剑比起来，就像废铜烂铁一样，简直不值一提。如此说来，当上天子看来是无望了。他看看庄周的神情，想想他的本事，又觉得不像是在骗人。但是还好，下面还有两种剑嘛！他定了定神，又问道："那么就烦请先生再解说一下这诸侯之剑吧！"

庄周接着说道："诸侯之剑就比天子之剑要差了一些，但是也有非常大的威力。诸侯之剑的剑锋是要以智勇双全之士来担当，清廉之士做它的剑刃，贤良之士做它的剑脊，忠贞之士做它的剑环护手，豪杰之士做它的剑柄。这诸侯之剑向前伸出，没有什么东西可以居于它之前；往上一举，也没有什么东西能在它之上，往低处一按，更没有什么东西能在它之下，其他的武器见了这柄诸侯之剑都会黯淡无光。诸侯之剑可以为天地立法，保证日月星辰的运行和春夏秋冬的更替，还可以顺应民心，安定四方。诸侯之剑一出，犹如雷霆之震，四夷无不宾服，而听从您的号令，这就叫作诸侯之剑。"

赵文王听庄周把诸侯之剑解说完毕，脸上已经变了颜色，汗珠一颗一颗地从额头上滚下。他突然发现，自己虽然贵为一方诸侯，一直以中原大国自命，但是却没有这样一柄诸侯之剑，自己连个好的一方之主都不算，就更别谈天子之剑了。这时候，赵文王心中已经隐隐有所悟，明白庄周为自己解说这三种剑的意图了。但是庄周毕竟还没有说完最后一种庶人之剑，索性就坚持着听完，便说道："请先生再为我解说一下这最后的庶人之剑吧！"

庄周微微一笑，指了指殿外："庶人之剑大王可就见得多了，在这里处处都能找到。所谓庶人之剑，就是要头发蓬乱，两鬓直竖，戴着大帽子，帽缨乱七八糟，穿着短衣，瞪着眼睛，目露凶光，没事就在一起互相扭打，动不动就要断人颈项，还要剖人肝胆。这是大王经常能看到的一幕。像这种庶人之剑，在我看来跟斗鸡赛狗没有什么区别，打得头破血流，弄不好把命也丢了，可对国家一点帮助都没有。现在大王您存着天子的志向，有着诸侯的权位，结果却喜欢这种庶人之剑，我真替您感到害羞啊！"

赵文王听了，面红耳赤，尴尬极了。庄周含笑看着赵文王，就这么过了半响，赵文王牵着庄周的手，走向内殿，喝令内侍摆上酒席，请庄周入座。折腾了这么半天，庄周早就饿了，也不拜谢赵文王的赐宴，坐下就大吃大喝起来。

赵文王却不肯安坐进餐，围着桌子绕了一圈又一圈，眉头紧锁，一句话不说。庄周心知其意，笑道："大王不必如此在意。其实这天子之剑，大王还是有机会练成的！"

赵文王一听，眉头一下子舒展开了，捧起一杯酒递给庄周："先生有何妙法？快快教给寡人啊！"

庄周接过酒杯，痛饮一口，说道："其实大王只要练习安坐定气的功夫，做到内心虚静，万念不生，在静中自然能体悟到这天子之剑的境界。我听说大王总想以武力开疆拓土，成就一代霸业。殊不知，天下强者易折，柔弱反而能长久。如果大王能舍弃现在的霸道而怀柔远人，实行王道，天子之剑自然就会在您的手中了！"

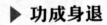

▶ 功成身退

庄周出得殿来，迎面正碰上太子悝等人在那里等待。见庄周出来了，太子赶忙迎上去："庄周先生，事情怎么样了？您说动大王了吗？"

"这次幸不辱命。但是现在，大王只是好剑之心稍稍动摇，我还会再逗留一些日子，只要他不再受外面的干扰，很快就会对普通的剑术彻底失去兴趣的。"

"我还有一事不明，望先生赐教。"太子悝恭敬地问道，"初见先生的时候，先生虽然敝衣破袍，但身上也有读书人的书卷气，明明是不会武功剑术的样子，怎的突然有了这么高超的身手呢？"

庄周神秘地一笑，道："你当我在大殿之上说的那些话只是为了戏弄那些剑客和大王吗？当然不是了。我的话里面虽然有夸口的地方，但是也有真实的一面。俗话说得好，'一法通，万法通'，我既然已经能参透自然的大道，这小小的剑术不过只是雕虫小技而已，又怎么能难得住我？我和你做了三天之约，不光是为了准备我的服装，更重要的是为了修炼一下剑术啊！"

太子悝佩服得不得了，对庄周深深施了一礼，拜别而去。于是，庄周此后每日进宫，为赵文王讲授打坐养气的法门。赵文王本来就是野心过大，再加上深居宫中，有种被压抑的感觉，这才迷恋剑术。庄周的修炼方法正好可以将他被压抑的欲望平和地疏导开去，等到心气一平，自然也就不再把剑术和开疆拓土的事情放在心上了，并每天关心起政务来。

庄周在赵国待了三个月，在这期间，三晋的谈判进行得很顺利。赵国明确地支持魏国的建议，对君偃暂时采取观望态度。韩国的使节本来就是持观望态度的，既然赵国和魏国已经结成了统一战线，韩国自然不会有任何的异议。庄周这次游说赵文王，可以说取得了圆满的成功。至于那些剑客，因为赵文王三个月没有召见他们，他们也知道自己的本事远远赶不上庄周，又没办法前去寻仇，聪明一点儿的就偷偷地跑了。更有一些想不开的，为了显示自己作为一个武士的自尊，干脆就自杀了。至于邯郸城里满大街的武馆，终于变得门可罗雀，萧条败落了。家长和学员们都找各种借口退了训练班，百姓的生活都改善了很多。

三个月之后，庄周告辞要离开了。太子悝坚持要拜庄周为师，被庄周婉拒了。按照庄周的意思，他的学说要义已经传授给了赵文王，剩下的只需他自己去体验大道的存在了，人不是老师，只有大道才是人们的老师。第二天一早，庄周留书一封，谢过太子悝的款待，便又向未知的前程出发了。

名人名言·谦虚

1. 满招损，谦受益。

　　　　　　　　　　　　　　——〔北宋〕欧阳修

2. 桃李不言，下自成蹊。

　　　　　　　　　　　　　　——〔西汉〕司马迁

3. 三人行，必有我师焉。

　　　　　　　　　　　　　　——〔春秋〕孔子

4. 不傲才以骄人，不以宠而作威。

　　　　　　　　　　　　　　——〔三国〕诸葛亮

5. 虚心竹有低头叶，傲骨梅无仰面花。

　　　　　　　　　　　　　　——〔清〕郑板桥

6. 谦虚使人进步，骄傲使人落后。

　　　　　　　　　　　　　　——毛泽东

7. 历览古今多少事，成由谦逊败由奢。

　　　　　　　　　　　　　　——陈毅

8. 骄傲自满是一座可怕的陷阱，而这个陷阱是我们自己亲手挖掘的。

　　　　　　　　　　　　　　——老舍

9. 如果说我看得远，那是因为我站在巨人的肩上。

　　　　　　　　　　　　　　——［英］牛顿

10. 智慧是宝石，如果用谦虚镶边，就会更加灿烂夺目。

　　　　　　　　　　　　　　——［苏联］高尔基

第三章
浪迹天涯

◁ 第四章 ▷

Zhuangzi

安贫乐道

我丝毫不为自己的生活简陋而难过。使我感到难过的是一天太短了，而且流逝得如此之快。

——［法］居里夫人

▶ 漆园小吏

庄周这次到鲁、魏、赵三国，共花了三年多的时间，回到家乡蒙县时，已经是 30 多岁了。再次踏上蒙县的土地，庄周的心情很复杂。

他看不惯战火连天、民不聊生、周礼衰微的中原之地，本想居住在民风淳朴、风物瑰奇的楚越之地，那是他的精神家园。可是，他心中拯救天下百姓的志向激励着他又回到了中原。

他到中原各地去漫游，在王侯面前宣传自己的学说。但是他们当中除了勉勉强强地表示欣赏以外，其他的都不能完全理解他的学说，没有一位王侯采纳他的主张。

庄周回到家乡后，开始埋头整理自己漫游中的所见所闻所感。几个月后，惠施派人来找庄周。给他在宋国蒙县谋了一个轻闲的差事——漆园吏。

庄周一开始还想拒绝，可是家里日子过得艰难，他不懂种田，也不会其他谋生的手艺。从前只需要有东西勉强填饱肚子就可以，可是现在娶了妻子，他必须负责任。人，首先必须活着；活着，就必须有饭吃，这是一个人最起码的需要。可他现在却为吃饭问题为难了，因为他为了自己的无拘无束的理想而放弃了唯一可以谋生的手段——入仕。

想了好久，最后，庄周终于答应了，决定去做个漆园吏。不是为了名誉，也不是为了发财，更不是为了权势，而只是一种自己谋生的手段，只是为挣口饭吃。

第四章 安贫乐道

蒙县漆园是宋国最大的一个官家漆园。漆园地处蒙山的西北部，园里高大的漆树连成一片，绿草如茵，蜂蝶飞舞，鲜花遍地，清风骀荡。漆园的工作主要是割开漆树树皮，用木桶去接流出来的漆汁，再去加工。加工好的成品漆主要供宫廷使用，用来涂饰各种器物。漆园里还有一些手工作坊，如木工坊、铁工坊、铜工坊、皮工坊等。由于大多数的用具与工艺品都要涂上漆才能好看、实用，又能卖上好价钱，因此，这个漆园除了向宫廷提供漆以外，还提供漆具。尽管是官小职微，但总算有些俸禄，且漆园远离都城，还可免去朝廷的许多礼节。因此，漆园吏这一差事颇合庄子的心意。

在任漆园吏的时候，庄周收了一名弟子，名叫蔺且。平时，庄周除了与蔺且讨论一些哲学上的问题，还经常到漆园的手工作坊里边去转转，与工匠们聊天，看他们干活，有时候来了兴趣，也亲自动手试一试。工匠们虽然知道他是漆园吏，但看他一点都不像以前的漆园吏那样贪婪、官架子十足

庄子漆园

的样子，而是体恤工人、平易近人，慢慢地也就跟他熟悉亲近了。时间一长，官与民之间的距离逐渐缩短，到后来，就成了无话不谈的朋友。庄周从工匠们那儿也学到了很多东西，增长了见识。庄子渐渐认可了这里的生活，并趁此闲暇不忘继续钻研他的学说。

可是，这种稍为安逸的生活并没有持续多久。几年后，宋国的君王剔成被其弟驱逐，君偃发布诏令，代兄自立，登上了国君的宝座。剔成带着家小逃到了齐国。

宋君偃驱逐剔成的理由是他无视仁义之道，因此他继位后的

第一件事就是下令在全国的百姓间推行"仁义"。宋国的官吏一看都特别高兴，纷纷向上面奏贺章，庆祝新君主发布的这一英明的诏令。

可是继位还不到一年，宋君偃就将"仁义"的幌子抛到一边，开始了他豪奢无耻的昏庸生活。为了满足他的欲望，他向全国百姓增加赋税，增加各地方官每年向宫里缴纳的税银和贡品。宋君偃并不满足宋国能提供给他的一切，还野心勃勃地企图向周围强大的邻国齐、魏争夺土地，所以他又在全国范围内大量征兵。这一切，使得本来就贫困不堪的宋国人民的生活变得更加艰难了。

漆园也是宋国非常重要的一项财政收入，用漆可以到地方诸侯国去换取大量的珍宝奇玩。于是，宋君偃下令要求各地的漆园将产量大大地提高，而这样，漆园的老百姓们就遭殃了。

面对这一切，庄周的心情非常沉重。他想，自己只是一个小小的漆园吏，没有什么权势，不能为百姓做更多的事情也就罢了，若是为完成宫廷里布置下来的任务而去侵占百姓私有的一点点财产，那岂不是成了自己所痛恨的昏庸残暴的君王的帮凶了吗？

于是，庄周愤然辞官了。待收拾好行李，庄周带着妻儿与弟子，直奔家乡而去了。

▶ 庄周借粮

庄周专心研究他的学问，越来越丰富，逐渐形成体系。但这并不能改善他那贫穷的生活。这几年庄周多是靠到河边钓鱼，再到市场去出售，然后换些粮食，勉强维持生计。

最近十几天，天气不好，阴雨连绵，家里的那一点儿粮食早就已经吃完了，庄周又无法出去钓鱼。很快，附近也找不到野草了，眼看着就要断粮。实在没有办法，庄周只好打定主意到别人家去借些粮食。

一出门，阵阵寒风吹得饥寒交迫的他直打哆嗦。这才想起来，还不知道要到谁家去借粮呢。边走边想吧！有一个朋友家可能会有，但是太远了，这么大的雨，不便前去呀。距离较近的朋友，情况肯定日子也不好过，不然的话肯定会来看他的，他非常相信他的这位朋友。庄周就这样边想边漫无目的地走着。雨越下越大，庄周累得走不动了，看到前面刚好有一处人家，便赶紧走过去，想在大门口走廊下休息会儿。走到那儿，庄周认出来了那是监河侯的家。

监河侯虽然是一个愚蠢的贪官，但是他曾慕名庄周的学说拜访过庄周，庄周在书写和作文章上也曾给过他不少指点与帮助。况且，监河侯也曾经满心感谢地说过，庄周帮了他的忙，以后有什么需要帮忙的地方，就尽管找他。于是庄周怀着希望，敲响了监河侯家的大门。

监河侯听到仆人的通报后，便皱起了眉头："下着这样大的雨，像庄周这样贫穷的人到我这儿来，除了让我帮忙，还能有其他的事吗？我可不打算把粮食借给这个除了学问之外什么都没有的穷困书生。"他吩咐仆人将庄周带进了会客厅，稍后，便迈着笨拙的步子，摇晃着肥胖的身子走进了会客厅。

一进门，监河侯便装出一副很热情的欢迎的态度，说："下这么大的雨，庄先生今日竟驾临寒舍，真是荣幸之至，有失远迎，有失远迎啊！"说着，便走过来拱手施礼。庄子连忙还礼。

还没来得及开口说话，监河侯看见庄周身上淋得跟落汤鸡般透湿，正在那儿打寒战，就故作惊讶地说："庄先生真是雅兴啊，还是雨中漫步而来！您今日是不是找我讨论什么学问上的问题呢？"

　　庄周听了这话，心中暗想："看样子，监河侯已猜出我这次来找他的目的了，而且好像并不打算帮我。但是现在已经没有其他办法可想了，既然已来到这儿，就直说吧。"庄周低着头，说道："今天到您这儿来，没有什么其他的事情，只想请您帮个忙，借给我一小袋粮食。等这雨一停，我有了粮食便还您。"

　　监河侯一听，十分爽快地说："行，等到秋天，我得了我的俸禄和一县的租赋金，别说一小袋粮食，我借给您三百两金子都行，怎么样？"

　　"我只想您现在借给我一小袋粮食。"

　　监河侯做出一副十分为难的样子，说："现在我也是饱一顿饥一顿的呀！真是帮不上您的忙。"

　　庄周仿佛脸上被抽了一巴掌，感到非常羞耻。明知道他是一个虚伪的小人，还要到这儿来，自讨苦吃。庄周抬起头，盯着监河侯，四目相对，监河侯立刻就心虚地低下了头。

　　"应该挫一挫这样的小人。"庄周想，于是心平气和地说，"您要是也没有办法，那就算了吧。现在外面正下着雨，我在您这避会儿雨，顺便给您讲个故事吧。

　　"昨天，我在路上行走，突然听到有人喊我。我停下脚步，四处寻找，却没发现一个人影。我一低头，才发现原来在干枯的车辙中有一条鲫鱼，正是它在叫我。我走过去，对它说：'鲫鱼啊，你在这里做什么？你喊我有什么事吗？'

　　"鲫鱼的口一张一合，十分痛苦地说：'我本是东海水族里的仆臣，一场大水把我冲到了这里，一时没有办法回去。现在这车辙里快完全干涸了，你能不能行行好，帮我到附近去运一斗水来，救救我？'我说：'行。这只不过是举手之劳。但是，你必须等一阵，等我游历了吴国与越国，说服这两国的君主，请他们把西江的水引来迎接你，可以吗？'

　　"那鲫鱼一听，气得脸色都变了，说：'我失去了与我常处的水，没有容身之所，现在我得一斗的水就可以活命。我只求你帮我这一个小忙，你却说出这样的话，你还不如明天早晨到干鱼市场去找我！'"

说完这个故事，庄周也不等监河侯再说话，便拿着空口袋，愤然离去了。

唉！自从远古时代的淳朴自然之风丧失以后，人类就像生活在漫漫长夜中一般，尔虞我诈、钩心斗角无不充斥人类生活中，正直、善良的人却生活得如此之艰难。

何时才能让人间重新充满温暖？何时才能让人与人之间坦诚相待、互相同情、互相帮助，让每个人都生活得很幸福？

第二天，雨停了，庄周拿着钓鱼竿，又去了河边钓鱼。庄周知道自己应该再寻找一条新的谋生方式。庄周发现河边长着许多葛草，很适合做草鞋，不如每天采些葛草，做成草鞋，拿到市场上去卖，应该是一个很好的谋生方式。

于是，庄周开始了采葛织鞋的生活。每天都到河边去采些葛草，整理后便在家中编织，隔三两天便把织好的鞋拿到市场上卖。靠织草鞋，庄周的生活有了一些稳定的收入，可以勉强维持温饱。

庄周自己背着草鞋到蒙邑的市场上卖，他与小贩们一起向来来往往的人们兜卖自己的货物，一点儿也不觉得窘迫，反而觉得怡然自得。他觉得自己是自食其力，而不像监河侯那样，与执政者同流合污，不劳而获，榨取民脂民膏。

名人名言·人生

1. 人固有一死，或重于泰山，或轻于鸿毛。

　　　　　　　　——〔西汉〕司马迁

2. 静以修身，俭以养德。

　　　　　　　　——〔三国〕诸葛亮

3. 路是脚踏出来的，历史是人写出来的。人的每一步行动都在书写自己的历史。

　　　　　　　　——吉鸿昌

4. 谁要游戏人生，他就一事无成，谁不能主宰自己，永远是一个奴隶。

　　　　　　　　——[德]歌德

5. 人生就像弈棋，一步失误，全盘皆输，这是令人悲哀之事；而且人生还不如弈棋，不可能再来一局，也不能悔棋。

　　　　　　　　——[奥地利]弗洛伊德

6. 无论你怎样地表示愤怒，都不要做出任何无法挽回的事来。

　　　　　　　　——[英]培根

7. 人不能像走兽那样活着，应该追求知识和美德。

　　　　　　　　——〔意大利〕但丁

8. 美是到处都有的，对于我们的眼睛，不是缺少美，而是缺少发现。

　　　　　　　　——[法]罗丹

9. 冬天已经到来，春天还会远吗？

　　　　　　　　——[英]雪莱

第五章

Zhuangzi

归隐田园

一粥一饭当思来之不易，半丝半缕
恒念物力维艰。

——〔明末清初〕朱柏庐

▶ 道在屎溺

　　庄周辞官回到蒙县后，开始了他真正悠然自在的生活。他有时候弹弹琴，有时候读读书，有时候边与弟子讨论问题边教诲他们。庄子还非常喜爱钓鱼，遇到好天气他便到河边去钓一会儿鱼。偶尔想起，还与弟子们到周围山林里远游散步。

　　庄周的思想一天一天地成熟起来，他的名声也一天一天地大起来。各诸侯国都知道宋国有一个傲视王侯、甘于清贫的庄周，他的学说与墨家、儒家鼎足而立。天下三士，或宗于老庄，或宗于墨，或宗于孔。刚开始，人们对庄周的思想还不大理解。后来，随着诸侯国之间战争规模的日益扩大，愈加频繁，朝为卿相、暮为布衣的现象越来越多，天下读书人开始厌倦政治，想转去学习养生之道的人日渐增多。读书人越来越认识到，在这样一个充满权谋狡诈与兵戈枪矛的时代里，要想凭自己的能力而有所作为，是不可能的。因此，他们都想，既然不能有所作为，不得已便只有继续学习以加强自身的修养了。而许多王公大臣，也都饱受着权力斗争、宦海沉浮之苦。因此，他们也往往将庄周的学说作为平时消愁解闷的良方。

　　所以，从远近不同地方来拜访求道的人，时有出现。同时，也有一些人慕名前来，要拜庄周为师。庄周看有的人确实非常诚恳地想学习他的那套学说，便也收了一些弟子。

　　一天，有个名叫东郭子的人来向庄周问道。东郭子说："先生，您的学说以道为核心，而您所讲的道又是无形无象、看不见摸不着的东西。那么，您所谓的道究竟在哪里呢？"

庄周微微一笑，说："无所不在。"

东郭子说："必须指出具体所在的地方才可以！"

"在蝼蛄蚂蚁之中。"

"道怎能在这么卑下的地方呢？"

"在稗草里面。"

"为什么更卑下呢？"

"在砖头瓦片中。"

"怎么比前面更甚呢？"

"在屎尿中。"

东郭子不再出声。

庄周说："先生所问的问题，本来就没有接触道的实质。管理市场的官员问他的助手如何踩猪腿检验猪的肥瘦，告知他愈是往下面踩，愈能看得清楚，即所谓每况愈下。我回答你道在哪里的问题，也只能如此。"

东郭子又问道："那么道究竟在哪里呢？"

庄周回答他说："你不必求证道在哪个物上，所有的道都未能逃离道之外。最高之道是这样，表达至道的大言也是这样。道存在于所有的物中，因此，道就是周，道就是遍，道就是咸。'周''遍''咸'三个词，名不同而实相同，它们所指的东西是一样的。"

东郭子开始有点儿明白了，于是继续问道："那么，我怎样才能从物中体悟出道呢？"

庄周说："你必须做到顺其自然无为，寂寞而清虚，调和而安闲。这样，你的意志就会得到极大的自由，你的精神就可以逍遥自在于广漠空虚之中，无所不至。这样，你就能在各种各样的物中体悟出道。"

东郭子又接着问："物与道之间，是什么样的关系呢？"

　　"道是物的主宰。物与物之间有界限，道与物却没有界线。道使物发生盈满、空虚的变化，而自身却没有盈虚之分。因此，物来源于道，又归于道；道产生于物，又在于物。"

　　听了庄周的解释，东郭子连连点头称是，心悦诚服地告辞了。

▶ 探骊得珠

　　一天，庄周正在屋子里弹琴，忽然听到外面有马车的声音，而且，从声音中判断似乎有很多辆马车。在这么偏僻的地方，一般很少出现这么多的马车，庄周便叫蔺且到门口去看看。远远地就看见从村外驰来十辆非常华丽的大马车，马车跑过，后面扬起高高的尘土。一群孩童跟在后面，惊奇地打量着这又长又华丽的车队。车队最前面的马车上，还有一个人甩着长长的鞭子，口中不停地吆喝着让人们闪开，显得威风十足。

　　车队来到庄周家门前，停了下来。蔺且忙进屋把庄周引到门口。就见从其中一辆马车上走出一位身穿锦缎的官人，在两三个随从的簇拥下，迈着大步子，向庄周师徒两人走来。走近了，庄周才认出来，原来是苏玉。

　　苏玉并不是有真才实学的人。宋君偃把自己的兄长驱逐走，并夺了王位之后，整天就沉溺在各种各样的新奇玩意中，比如斗蛐蛐、斗鸡。这个苏玉，就是以善于驯养斗鸡而得宠于宋君。他对溜须拍马、玩弄权术也十分在行。慢慢地，他得到了这个昏庸残暴的宋君的重用，几年以后就成了宋君的亲信随从。他这一次带着十辆马车还乡，便是想要在父老乡亲们面前摆一摆阔气。

　　苏玉趁这次回家乡，故意到庄周家来，是想向庄周炫耀一下。

因为，一直以来他就不服气惠施也不服气庄周，但是，宋国人一说起蒙邑有才华的人，就都提起惠施与庄周。惠施的官位很高，庄周的学问很高，被人们广为赞誉。

"终于，我苏玉也有了出人头地的时候，虽然比不上惠施的官位高，但是与一个穷困潦倒的庄周比，总是绰绰有余了吧！"他越想越得意，从马车上下来以后，昂首挺胸地走到庄周面前，作了个揖，说："您好，庄周先生，您还认得我吗？"

庄子说："都是蒙县人，怎么不认得呢？"

"庄周先生近年来都在哪儿高就呢？"

"居住在乡野之中，安宁度日。"

苏玉一听，心里很高兴，故意转过头去看看他那长长的车队，提高了音量说："我现在住在睢阳，这次是回来省亲的。喏，这十辆马车都是宋君赐给我，供我省亲用的。"说完又从头到脚打量了一下庄周。看见庄周穿着一身粗布衣裳，故意装出一副很同情的样子说："先生，您也算是一个有才学的人，怎么会弄成这个样子呢？"

庄周看着苏玉一副得意忘形的样子，觉得十分可笑。他想：如此得意，以后难免要栽跟头，还是让我先给他一点教训吧。于是就微笑着说："既然您是来拜访我的，那么就请进屋里坐会儿吧。"

苏玉随庄周进了茅屋，互相揖让一番坐了下来。苏玉打量了一番屋子里简陋的物品，嘴角露出讥讽的笑。

庄周见此，也微微一笑说："我家里一贫如洗，没有什么可以好好招待先生的，我就给您讲个寓言故事吧。"

苏玉说："您若有雅兴，我很愿意听听。"

于是，庄周开始了他的故事：

有一家人，住在河边上，非常贫穷，平时只能靠打鱼、纺织芦苇勉强维持一家人的生计。有一天，这家人的儿子兴冲冲地跑

成长关键词

想象力、勤学、渊博

Zhuangzi

回家，从兜里掏出一颗又大又圆的珠子，交给他父亲，高兴地说："爹，这是我在河里潜水捡到的，把它拿去卖了以后，我们就再也不用打鱼和纺织芦苇了！"

可是饱经风霜的父亲脸上却一点儿高兴的表情都没有。他接过珠子，说："这是颗千金之珠，是一个祸害啊！现在得到它，没有什么好高兴的。赶快去拿块大石头，把它砸碎，扔到火堆里面去！"

儿子听了，用手摸摸父亲手中的珠子，不解地问："父亲，我好不容易才从很深的水中摸到一颗千金之珠，怎么能说是祸害，还要把它扔了呢？"

父亲语重心长地说："儿子，你还不知道啊！那千金之珠，肯定在很深的九重之渊，而九重之渊是骊龙住的地方。骊龙经常把它的千金之珠放在下巴上，以防被别人偷走，你能侥幸得到这颗千金之珠，必然是正好碰到骊龙睡着了。而骊龙醒来之后，必然会到处寻找它的千金之珠。到那个时候，知道吗？你就该无处藏身了。"

儿子一听，急忙照父亲的话去做了。

苏玉一听到这儿，已经开始明白庄周的意思了。他脸上露出了不安的表情，也不敢看庄周了。

庄周接着说："今天宋国之深，远远超过了那九重之渊。宋君的残暴，也远远超过了骊龙。您能得到十辆马车，肯定是碰巧宋君睡着了。等到他醒来之后，您不就无处藏身了吗？"

苏玉开始脸色全白了，身体也情不自禁地颤抖起来，嘴里吐不出一个字来。他的随从一见，赶忙搀扶着他，连告辞都忘了说，就匆匆跳上马车，狼狈地离去了。

后来听说苏玉回到家中就病倒了，在床上一直躺了十多天。宋君不耐烦再等他回睢阳斗鸡，就找了新的斗鸡手。就这样，他便被宋君冷落了，那十辆马车也就没有了。苏玉气急交加，病得更重了。

一个月后，苏玉的病好了，可是他紧闭着门，两三个月不出去，苦苦地反思自己的所作所为。庄周讲的那个寓言，总是在他脑海中不停地浮现。以前，他觉得庄周的那套学说只不过是在替贫穷的人说漂亮话，是弱者的自我慰藉，就像狐狸一样，吃不到葡萄就说葡萄是酸的；经过这次宋君最终抛弃了他的事情，他终于慢慢地发现庄周所说的还是有一定道理的。

他曾经见过宋君对别人的残酷暴行，让他心惊胆寒，但他总是安慰自己："宋君那是对待别人，凭我跟宋君现在那么亲密的关系，他怎么会那样对我呢？"可是，今天，曾令他担心害怕的事情还是发生了。他讥笑过别人，现在又被别人讥笑了；他曾经享受过荣宠富贵，现在却遭受冷落和抛弃。可是，他还是为自己感到幸运，他虽被宋君抛弃，但他失去的只是他本来就不应该得到的东西。他心里对庄周十分愧疚，同时也充满了深深的谢意。因此，他很想亲自登门，向庄周表达他的谢意。可是，他心里又特别害怕会再次受到庄周的讥讽与嘲笑。

这天，苏玉终于走出家门，来到蒙泽边散步，可不知不觉就走到了庄周家。他始终不敢向前叩门，就在门口徘徊。庄周在屋里已看到苏玉在门口犹豫不决的样子，他完全理解苏玉此时的心情。人在经受打击之后，若意识到了自己的错误，他天性中善良的一面就会显露出来，会对自己原先错误的作为感到羞愧和懊悔。这时候的人，最需要得到别人的同情与帮助。

庄周于是推开门，走到苏玉面前，说："身体好些了吗？"苏玉抬头一看是庄周，特别感动，良久才说出话来："先生，我对不起您。"

庄周微笑着说："过去的事就让它过去吧！"

庄周与苏玉就在庄周家门前的大树底下坐了下来。苏玉又向庄周请教了一些有关庄周学说上的问题。苏玉越听越觉得庄周的学说中有很多值得他学习的东西，尤其是关于道方面的。于是他恳切地问庄周："先生，您说像我这样的人，以后可以向您学习道吗？"

庄周说："当然，道不远人。道并不是什么极其深奥奇巧的东西，您以后若有什么问题，就请直言吧，我们一起来探讨。"

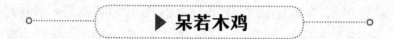

▶ 呆若木鸡

晚上，庄周把今天苏玉来找他的事告诉了蔺且。蔺且问："先生，苏玉这种小人您都原谅他吗？"

庄周说："人非圣贤，孰能无过。他知道错，并且改了，我们就不应该再追究人家以前的错误了。"

蔺且听了，佩服地说："先生，您真是个大度的君子啊！我还应该向您学习宽恕待人的胸襟啊！"

想了一会儿，蔺且又问："可是，苏玉这样的人真的也能学道吗？"

庄周肯定地说："能。每个人的本性中，都有淳朴自然之心，只不过是有的人被一些功利性的东西蒙蔽住了，善良淳朴的心性被掩盖了起来而已。因此，每个人都能学道。"

看蔺且还有一点疑惑的样子，庄周又说："刚出生时，人跟人的本性都是一样的，没有任何本质上的区别。慢慢长大以后，可能会出现职业、地位、知识等许多方面的不同，但人的共同本性是不变的。所以人人都能学道，并且，从各种各样的事情中都可以悟道。"

蔺且想起苏玉以前是专门驯养斗鸡的，就问道："那么斗鸡者也可以悟道吗?"

庄周回答他:"可以。我现在给你讲一个关于斗鸡的寓言。"故事是这样的:

从前,有一个叫纪子的人,是个很有名气的斗鸡者,后来齐王把他请了去,专门为齐王驯养斗鸡。齐王派人经过严密的筛选,给他挑出了一只最好斗、最凶狠的公鸡交给他,期望他能够驯养出天下最好的斗鸡来。十天之后,齐王派人过来问他:"鸡驯成了吗?"纪子告诉来人说:"还没有。这只鸡现在表现为内中空虚而神态却很高傲,一副盛气凌人的样子。"

又过了十天,又有人来问了:"鸡驯成了吗?"纪子回答:"还没有。这只鸡现在虽不表现出很骄傲的样子了,但还是非常敏感。一听到其他鸡的声音,看到其他鸡的影子,还会有所反应。"

又过去了十天,齐王又派人来问:"鸡还没驯好吗?"

纪子说:"没有。这只鸡现在虽然不那么敏感了,可是它看东西时,眼神还是那么的敏锐与凌厉,而且眼神中还有恨意。"

很快,第四个十天又过去了,来的人问:"这下该驯好了吧?"

纪子说:"这下差不多了。现在即使有别的鸡在它旁边鸣叫挑战,也不会惊动它,使它有任何的反应,它看起来呆若木鸡。它甚至给人以对周围事物无动于衷的感觉。但是它安定专一,胸有成竹,沉着应战,别的鸡一看见它,都吓得扭头就跑,根本就不敢与它对阵。"

"斗鸡者若能像这位纪子一样,就是有道之人。"庄周停了停,又进一步启发道,"不仅斗鸡如此,为人也是如此。大智若愚,大巧若拙。真正有德的人,并不时时表露在外面。而那些经常哗众取宠、虚张声势的人,倒未必真有德。"

蔺且听完后,又赶紧记下了这个寓言故事,将它与以前的那些合编在一起。

成长关键词 想象力、勤学、渊博

名人名言·志向

1. 路漫漫其修远兮，吾将上下而求索。
   ——〔战国〕屈原

2. 莫道桑榆晚，微霞尚满天。
   ——〔唐〕刘禹锡

3. 生当作人杰，死亦为鬼雄。
   ——〔宋〕李清照

4. 先天下之忧而忧，后天下之乐而乐。
   ——〔北宋〕范仲淹

5. 粉身碎骨浑不怕，要留青白在人间。
   ——〔明〕于谦

6. 千磨万击还坚劲，任尔东西南北风。
   ——〔清〕郑燮

7. 雄心志四海，万里望风尘。
   ——〔西晋〕傅玄

8. 壮心欲填海，苦胆为忧天。
   ——〔南宋〕文天祥

9. 浊酒难销忧国泪，救时应仗出群才。
   ——秋瑾

10. 时人莫小池中水，浅处不妨有卧龙。
    ——〔唐〕窦庠

第六章

Zhuangzi

著书立说

人不能像走兽那样活着，应该追求知识和美德。

——［意大利］但丁

▶ 濠梁观鱼

　　这几天比较清闲，也没有什么人上门拜访。庄周与弟子一起整理他以前游历各地时写下的游说言论和弟子解说的一些零散的东西。

　　庄周与弟子都觉得现有的这些文字太分散了，不能完整地表达他的学说。于是，庄周决定亲自动手写些文章，把自己的思想系统地写出来。自己作为一个读书人，没有能力去实现拯救天下的大愿望，只能用一支笔把自己的经历、体验和认识写出来，或许能给天下人一些帮助。于是，庄周开始了著书的生涯。

　　庄周写书时，常以舒服的姿势坐在桌子前，写之前总是闭着眼睛，任自己的思想自由联想。找到好题材才立刻睁开眼睛，抓起笔，伏案狂写起来，直到一口气把心中所想的东西全部写出来才停手。就这样，有时可以一天写几千字，有时好几天一字未动。累了，便弹琴或出去钓鱼，放松放松。

　　一天，庄周正坐在书桌前闭目静思，准备动笔写些东西。突然一名弟子兴奋地跑进屋来，对庄周说："先生，惠施先生看您来了。"

　　庄周一站起来，惠施也走进来了。两个好朋友见面，分外高兴，心中太多问候的话却一句也说不出来了。过了一会儿，庄周才说："惠施，我们还是到小时候常去玩的小河边走走吧！"

　　惠施一听，说："好啊，走吧。我已经差不多二十年没回蒙邑了，故乡的山水只能在梦中见到，今天终于可以重游一次了。"

于是，庄周与惠施来到濠水岸边娴静地漫步走来。两人讲述起了这些年来各自的生活。原来，惠施现在已经是魏国政坛的风云人物了，南使楚，北使赵，他善辩的名声传遍了各诸侯国。可是，梁惠王死后，梁襄王继位为新君。虽然仍然任命惠施为魏国宰相，但梁襄王与梁惠王不同。他不坚持原先的团结齐、楚，抵御强秦的方针，而是想与当今天下诸侯逐鹿中原，比比谁更有实力。因而，他对惠施那套爱民、偃兵、不参与战争的政治学说并不欣赏，也几乎不再征求他对国家大事的意见。惠施满腔的热情犹如被泼上了一盆冷水，想了好久，终于还是决定回蒙县来，那儿毕竟是自己的故乡，真是"甜不甜故乡水，亲不亲故乡人"！

庄周握着惠施的手说："回来吧，故乡的山水永远都在等着你。"惠施听了，心中感慨万千。

两个人沿着岸边就这样走着，后来便在草地上坐下来，观赏起周围的景色。太阳照在身上暖洋洋的，鱼儿在水里悠然自得地游来游去，小鸟在树林里唧唧喳喳地唱着歌，微风中传来阵阵花香。

鸢飞鱼跃，生机盎然的自然万物使庄周的心感到无限宽广自由，更是感到心情舒畅。"你看那条鲦鱼，多么自在啊！悠悠哉游于水中，它肯定非常快乐！"庄周好像自己也变成了鲦鱼，情不自禁地脱口而出。

"你又不是鱼，怎么能知道鲦鱼的快乐呢？"惠施觉得人就是人，鱼就是鱼，鱼怎会像人那样感觉到快乐的。

"那你又不是我，你怎么知道我知不知道鱼儿是快乐的呢？"庄周反问道。不知不觉中，两个人又辩论上了。

"我不是你，我不知道你的心思。可是，你不是鱼，你当然也不会知道鱼儿是快乐的。我不知你，你不知鱼，这不就两清了吗？"惠施说完得意地看着庄周。

濠梁观鱼

庄周知道，跟惠施讨论这个问题根本不会有什么结果，因为他们两人对待自然界的态度是完全不一样的。庄子对待自然事物，总是物我合一、物我交融，因此，他仿佛能体会到花鸟虫鱼的性情。而善于分析万物之理的惠施则是以观察、研究的态度来对待自然事物，他注意到的是各个事物之间的大小同异，而从来不留意自然事物的喜怒哀乐。因此，庄周知道惠施对他的这一感受是深表奇怪的，跟他辩论这个问题没有什么意义。

于是，庄周便开始诡辩了："还是请回到一开始的地方吧。你说：'你怎么知道鱼是快乐的?'这说明你已经知道鱼是快乐的而故意问我。那么，我现在告诉你，我知之濠之上。"

惠施从庄周的诡辩中也感觉到了，这个问题再争论下去也没什么意义了，便也不再发问。一场辩论这才结束。

惠施回来后，就住在蒙县离庄周家不远的地方，两个人经常相互串门，或一起到附近的地方游玩。庄周对这种生活十分满意，读书、写文章、弹琴、钓鱼，与二三知己聊聊天，是多么快活自在啊！虽然并不富裕，但织草鞋所得完全能够维持一家人的温饱。在他心里，只要能得到精神上的舒适，那就够了。

▶ 井底之蛙

庄周常与好友一起讨论各种学说问题，虽说常常出现较大的分歧，但正是在这种友好的、旗鼓相当的争论中，他们的学问都有了很大的进步。此外，庄周的文章也越写越顺利，写好的文章常由弟子抄好，收集成册。从四面八方来求学的人把这些文章带回各地，很快，庄周的文章便广为流传，人们争相传阅。有人视为无稽之谈，有人视为异端之说，有人视为神仙方术，也有人视为旷世至文。

赵国平原君的一个门客公孙龙，以善辩著称，提出了"白马非马""离坚白"等著名论题，在当时颇有名气。他看了庄周的文章后，十分不理解。公孙龙在一次与魏国公子魏牟的谈话中讲起庄周的文章，他说："我少年时就学习了先王之大道，长大后通晓仁义的行为。而且，我还擅长辩术，我能把相同相异的事物论证为无差别的同一；能把坚硬、白色等物体的属性论证为与物体相分离；能把别人认为不对的论证成对，把别人认为不可以的论证成可以；能使众多善辩者理屈词穷。我自以为我已经是非常通达事理了。现在我看了庄周的书，却深感迷惘不解，不知是我的辩才没有他高，还是知识不如他渊博呢？现在我都不知道从哪里开口讲了，请问这是什么道理呢？"

魏牟听了，倚着小桌子深深地叹息，又仰头看天而笑，说："难道只有你没有听说过浅井之蛙的故事吗？井蛙对东海之中的大鳖说：'我多么快乐呀！我跳到井栏上，又蹦回到井中，在井壁缺口的水边休息。游到水中，井水托住我腋窝和两腮之下，践踏淤泥则只能淹没我的脚背，环视周围的小红虫、小螃蟹、小蝌蚪，没有能像我这样自如的。况且还独占一井之水，在其中跳跃蹲踞，这真是天底下最大的乐趣！先生为何不时常来井中玩玩呢？'

"东海之鳖听完井蛙的话，想进去看看，可是左足还没有踏到井底，右膝就被绊住了。于是，迟疑了一会儿就退了出来，并告诉井蛙大海的样子：'用千里的遥远，不足以形容大海的宽；用八千尺的高度，不足以形容大海的深。大禹的时代，八年有七年发生水灾，而海水并不因此而增加；商汤的时代，八年有七年闹旱灾，海水边沿也不因此而向后退缩。它不因为时间的短暂和长久而有所改变，不因雨水的多少而有所进退。这也就是东海最大的乐趣啊！'

"浅井之蛙听了这些，惊恐不已，现出了茫然若失的样子！"

公孙龙插嘴说："我不正是那浅井之蛙嘛！"

魏牟说："你的智慧还没有达到通晓是非之究竟的程度，就要去观察领会庄周的言论，就如同让蚊子背起大山、蚂蚁要渡过大河一样，必定不能胜任。况且，你的智慧还不足以理解和论述那些微妙和高深的言论，就自满自足于一时的口舌相争的胜利，这不是和浅井之蛙一样吗？

"再说，庄周的言论玄妙莫测，就像刚刚站在地下极深处，又忽然上升到天空中极高处：不分南北，不分东西。你想用辩论去求索其中的道理，这就是从管子里看天、用锥子尖指地一样，不是所见太小了吗？

"你还是赶快走吧！难道你没有听过寿陵少年去邯郸学习走步的故事吗？他没有学会赵国人走路的技艺，反而把自己原来的走法也忘记了，只好爬着回去。现在你要不离开，将会忘记原有的本事，失掉固有的事业。"

公孙龙听了魏牟的这一番高论，惊异得合不拢嘴，说不出话来，就匆忙逃离了。

▶ 鼓盆而歌

时间一年年过去，庄周已经是七十多岁的人了，他与家人、弟子、朋友在蒙县快乐地生活着。一天，庄周见一向整天里里外外忙碌的老伴躺在床上，半天不说一句话。庄周轻轻走过去，想叫醒她。可是庄周在旁边叫了好久，老伴还是没醒来，庄周忙把耳朵贴到她的鼻前，发现她没了呼吸，已经断气了。可是，她的面容就像睡着了一样，与往常没有任何区别。

庄周不相信她已经死了，但是，她的的确确死了。她死了，没有留下遗言；她死了，她自己却不知道自己已经死了。

往事一件件浮上庄周的心头。是她，抹去了庄周心上的孤独与寂寞；是她，帮助庄周渡过了一个又一个的难关。

她没有怨言，只有体贴；她没有索取，只有给予；她没有享受，只有苦难。

她是庄周的另一半，她是庄周的精神支柱。如今，她去了，去得那样匆忙，去得那样突然。庄周无法忍受这痛苦的现实，竟像个孩子一样号啕大哭起来。

庄周的哭声惊动了儿子与蔺且。他们进来一看，就知道是怎么回事了。他们跪在庄周身后，也哭了起来。

临出葬的这天，惠施来吊唁。他远远听到有人在唱歌，心中很是奇怪，哪家的人？也太不通情理了，邻居死了人还要唱歌。

来到庄周家门口，却觉得歌声好像是从庄周家里传出来

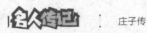

的，便更加疑惑。

进门一看，唱歌的竟是庄周自己。他没有跪着，而是盘膝坐在地上，面前放着一个瓦盆，手中拿着木棍，一边有节奏地敲击着瓦盆，一边唱歌。

惠施跪在灵柩前，点上香，行过礼，然后来到庄周旁边，说："你的妻子与你一起生活了一辈子，把孩子养大了，她也老迈了。现在她死了，你不哭也就算了，你竟然还敲击瓦盆唱歌。你这不是太过分了吗？"

鼓盆而歌图

庄周转向惠施，缓缓地说："不是这样的，我不是无情无义的人。在她刚死的时候，我也非常痛苦，我能不悲痛吗？然而，我想了很多很多。最初本来是没有生命的，不但未曾有生命，而且本来连形体也没有；不但未曾有形体，而且本来连气都没有。在混沌迷离的状态中，经过各种变化而有了气；气的凝聚变化而有了形体；形体经过变化而慢慢地有了生命。生命到了一定时候，就会由生变成死，这就像那春夏秋冬四季的交替轮转一样。现在，颜玉死了，就是回到了那混沌迷离状态的气中去了，就像安稳地睡在天地之间的大房子里。如果我还在旁边哭泣不止，我自认为这样做是不通达天命，所以我停止哭祭。与其洒下使生者伤心的泪水，还不如唱几曲使亡灵欣悦的歌曲！"

惠施听罢，摇摇头，什么话也没有说。

埋葬了老伴之后，庄周越来越沉默寡言了，也不再与弟子、朋友出游。他平日里深居简出，只有惠施来访时，才与惠施说说话。

第六章 著书立说

几年后，惠施也死了。听惠施的门客来通报这一消息时，庄周没有再痛哭流涕。

在庄周的思想里，宇宙是无穷无尽的，人的生命也是有限的，将有限的生命置于无穷无尽的天地之间，是转瞬即逝的。人们对待转瞬即逝的人生，不应该惋惜，而应该顺其自然。人，就像自然界的其他生物一样，兴起而生，归虚而死。生化为死，死化为生，这都是自然的过程，我们不应当以此为悲。死亡，就是回归于虚无之道的最高形式，最彻底的形式。

到了晚年，庄周的朋友一个个先他而去。一天，庄周给一个朋友送葬，经过惠施的坟墓。他站在墓前，一句话不说，回忆着与惠施共处的情景。有一个弟子问他："先生，自从惠施先生仙逝以后，您几乎不再开口说话了，更不与人争论问题了，这是为什么？"

庄周叹了口气，说："我给你讲一个故事。在楚国郢都有一个人，以捏白善士为生。有一次，他不小心将一个泥点溅到了他自己的鼻尖上，这泥点非常薄，就像一片蝇翼那般。于是他就请他的好朋友匠石用斧头将这个泥点削掉。匠石看了看，操起斧子，忽地一下砍下去，真是运斤成风，郢都人鼻尖上的那个小泥点被砍得无影无踪，而他的鼻尖却丝毫没受到伤害。而最妙的是，郢都人站在那儿，连眼睛都不眨一下。

"后来，宋元君听说了这件事。他想办法将这位技术高超的匠石召进宫中，也在自己的鼻尖上抹了一个小泥点，请匠石用斧头帮他砍掉。匠石听后，哈哈大笑，说：'大王，我虽然是有如此高的技艺，但必须有一个与我配合默契的对象。我的朋友郢都人已死，我再也无法表演这种技艺了。'"

庄周缓缓地摇了摇头，说："自从惠公死后，我言谈的对象也就没有了，我还何须开口呢？知音已死，琴有何用！"

几年以后的一天，庄周得了重病，病情越来越严重，没有医生能诊出来得的是什么病。庄周躺在床上，时而昏迷，时而清醒。蔺且等弟子与他的儿子已经在悄悄为庄周准备后事了。

有一次，庄周昏迷了好久才清醒过来。弟子与庄周的儿子一看庄周醒来了，都拥到庄周床前。

蔺且说："先生，您终于醒了！您昏迷了几天，可把我们都吓坏了。"

庄周挣扎着坐起来，说："不用害怕疾病，不用害怕死亡，死亡就是回归到最初始的气的状态而已。我死后，不要举行任何葬礼，也不要棺椁。你们将我抬到山上荒无人烟的地方，随便一扔就行了。"

弟子们一听，都说："这怎么行啊？"

蔺且说："先生，我们也没有穷到这个地步！再说，没钱，就是借债也要为先生举行隆重的葬礼。"

庄周说："我把天地当作棺椁，岂非天下最大的棺椁？我把太阳和月亮当作连璧，把星星当作珍珠，把万物当作陪葬品，让它们昼夜陪伴着我，我的丧葬用品还有什么不齐备的呢？"

弟子们说："先生，将您扔到山上，我们害怕乌鸦和老鹰吃掉您呀！"说着，都哭了起来。

庄周说："扔到山上会让乌鸦和老鹰吃，埋到土里会被蝼蛄和蚂蚁吃。你们这不是从乌鸦、老鹰那里夺过来给蝼蛄、蚂蚁吃吗？你们为什么那么偏心那些蝼蛄、蚂蚁呢？"

入夜，庄周想了很久、很多，他回忆了自己的一生。在章老先生那儿读书；漫游楚越之地，与楚人一起唱歌跳舞，躺在沅湘的草地上；在魏国、鲁国、赵国与那些王侯们对话；在蒙邑任漆园吏；与弟子一起出游；与惠施辩论……

在回忆中，庄周又睡着了。他做了一个梦，很像年轻时的那个梦，他梦到自己又变成了一只蝴蝶，飞啊飞啊，他飞到一个非常美丽的地方。在那儿，他看见了母亲、父亲、颜玉，还有惠施，所有的人都在笑着。庄周一看见他们，又变回了庄周，向他们走去。醒来之后，眼前还只是一片黑暗。他爬起床，穿好衣服、鞋子，轻手轻脚地打开门走了。

第二天，弟子们与庄周的儿子发现庄周不见了，急忙四处寻找，可是怎么都找不着他。庄周，就像他的老师老聃，最后西入流沙一样，没有人知道他去了哪里。

因此，没有人知道他是什么时候死的，也没有人知道他死于何地。

庄周给后人留下了一个谜，也留下了无穷无尽的思想，留下了无尽的怀念。庄周以他出众的才华、奇幻的想象、优美的辞章，深深地感染和震撼着后人。

Zhuangzi

成长关键词

想象力、勤学、渊博

名人名言·成功

1. 不自强而成功者，天下未之有也。

——〔西汉〕刘安

2. 一朵成功的花都是由许多雨、血、泥和强烈的暴风雨的环境培养成的。

——冼星海

3. 成功之花，人们往往惊羡它现时的明艳，然而当初，它的芽儿却浸透了奋斗的泪泉，洒满了牺牲的血雨。

——冰心

4. 成功的秘诀，在永不改变既定的目的。

——［法］卢梭

5. 如果你希望成功，当以恒心为良友，以经验为参谋，以当心为兄弟，以希望为哨兵。

——［美］爱迪生

6. 成功的唯一秘诀——坚持最后一分钟。

——［古希腊］柏拉图

7. 拼命去争取成功，但不要期望一定成功。

——［英］法拉第

8. 只有把抱怨环境的心情，化为上进的力量，才是成功的保证。

——［法］罗曼·罗兰

9. 胜利者往往是从坚持最后五分钟的时间中得来成功。

——［英］牛顿

◁ 第七章 ▷

Zhuangzi

《庄子》精华

人的一生是短的，但如果卑劣地过
这一生，就太长了。

——〔英〕莎士比亚

▶ 《内篇》 概述

　　庄子的一生是极为平淡、寂寞的，然而他身后却留下了一部辉煌的、对后世人们的精神产生了巨大影响的大作——《庄子》。《史记》中记载"其著书十余万言"，《汉书·艺文志》中的记载是"《庄子》五十二篇"。遗憾的是，流传到今天的《庄子》一共三十三篇，分成内篇七篇、外篇十五篇、杂篇十一篇，与晋代郭象的《庄子注》中记录的完全相同。这无疑也印证了《庄子》原本为五十二篇，从晋代以后，《庄子》便只剩下三十三篇。

　　目前绝大多数学者都认为《庄子》中，内七篇可定为是庄子本人写的，而外篇、杂篇中有他的门人弟子所写的部分。

　　《内篇》是《庄子》全书的精华。包括的七篇文章是：《逍遥游》《齐物论》《养生主》《人间世》《德充符》《大宗师》和《应帝王》。这七篇文章分开来看，每一篇都是首尾完整、结构严密的独立的文章，但总体来看，这七篇文章又互相呼应、互相补充，构成了一个大的体系。更特别的是，这样一部思维缜密、内容深刻的著作却主要是以寓言的方式写作的。庄子把玄妙、抽象的哲理融于具体形象、简单的故事中去，让读的人很容易就理解了他想表达的观点。

　　内篇七篇全面地阐明了庄子的宇宙观、历史观、人生观、道德论和政治论。它的基本内容是：描绘了宇宙的形成、万物的产生和人的本性，说明人应该怎样看待世界万物，怎样处理人和自然、人和社会以及人与人的关系；主张人应该从事自我修养，恢复淳朴的天性，与自然合为一体，达到"忘我""无己"、绝对自由的境界；要懂得一切事物的差别都是相对的、暂时的，甚至都是虚幻的，因而应该把一切的是与非、大与小、善与恶、美与丑都看成一样的；治理天下，要无为，即不要做太多的干涉，让一切自由发展，要回到远古的蒙昧时代。而这一切，都是为了符合产生一切、主宰一切的"道"。这样，世界万物才能合乎天理，顺乎自然，社会安定。人只有无是非哀乐的干扰，才能养生长寿。

庄子追求天人合一的理想。他在《逍遥游》《齐物论》《养生主》《人间世》《德充符》等篇中，从处世哲学、认识论、养生之道、道德论等方面阐述了如何实现这一理想。《逍遥游》与《齐物论》是《庄子》一书中最有代表性的名篇，可以说是《庄子》中光彩夺目的双璧。这两篇文章中所提出的理论，不但是庄子的思想体系中最重要的组成部分，而且在我国古代思想史上也是影响深远的、著名的哲学观点。

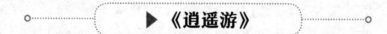

▶ 《逍遥游》

《逍遥游》以义名篇。"逍遥"，悠然自得、自由自在、没有拘束的样子。"游"，交游，指与人、与事、与自然界的相处往来。庄子认为逍遥是人的理想境界，为了达到这一境界，首先必须做到"无待"，即摆脱与外界事物的对待、依赖关系。而做到"无待"的关键又是"无己"，就是以内在的精神力量超越外在的条件乃至形欲与知虑的限制，以达到实现精神上的绝对自由，这就是本篇的主旨。

"鲲鹏变化"的故事是人们所喜爱和经常引用的，它是《逍遥游》开篇所讲的第一个寓言。说的是北冥（冥即溟，北溟即北海）有条鱼，它的名字叫鲲。鲲的体积巨大，大到不知道有几千里。它一变而成为鸟，名字叫鹏。鹏的脊背也不知道有几千里。鹏奋起飞翔，它的翅膀就像从天上垂挂下来的云彩。这只鸟，当风起海动时就要由北海迁移到南极大海。南极大海是天然的大池，大鹏迁往南极大海时，先用翅膀拍打海水，激起三千里宽广的海浪，掀起巨大的旋风。然后，借旋风的力盘旋而上，飞到九万里的高空。大鹏一飞就要用六个月的时间，到达南海才能停下来。可是，寒蝉和斑鸠这些小雀儿听说后嘲笑大鹏说："它何必飞那么远呢？我轻易地从地上飞起，急速地抵达榆树和檀树，一个时辰飞不到，就落到地上罢了。我向上飞腾不过几丈高就落下来，在蓬草、香蒿中间翱翔，非常愉快，这已经达到飞翔的顶点。为什么偏要飞向九万里的高空又往南极大海飞去呢？"

"逍遥游"的意思是自由自在地遨游，不受到任何约束和任何条件的限制。在庄子看来，小雀不理解大鹏因而嘲笑它，固然可笑可怜。可是不论是大鹏雄飞万里，还是小雀腾跃在蓬蒿之间，这只是大小的差别罢了，其实它们都要受到限制。小雀不说，就算是大鹏，它能飞九万里是因为它凭借了大风的力量，有大风在它的翅膀下，它才能无法遏止地飞翔，而后才能飞到南极大海。再如，朝生暮死的菌类植物不可能知道什么是一昼夜，生命只有一个夏季或一个秋季的寒蝉不会知道什么是一年。这就是"小年"。楚国的南面有一种冥灵树，五百年为一个春季，五百年为一个秋季；远古时代有一种大椿树，更以八千年为一个春季，八千年为一个秋季。这就是"大年"。"大年"虽然不知比"小年"长了多少倍，但终究还是有限度的，这是因为两者都要受到时间的限制。总之，这都叫作"有所待"，即有所依赖或凭借而受到了限制，只能在一定的时间或空间的范围内活动，而不能超越这个范围。这样，他们的自由就是有一定限度的，而不是绝对的自由，所以不能算是"逍遥游"。

下面接着又写了一个叫宋荣子的人，说当整个社会上的人都赞美他的时候，他不以为荣；当整个社会上的人都批评他的时候，他也不因此而沮丧。他对自己的内心和外界的事物有明确的认知，对于光荣和耻辱有自己的标准，对世俗的声誉不去追求。庄子认为这样的人世界上很少有，就是他自己也还没有达到最高境界。

他还写了个叫列子的人，能驾着风飞行，样子轻快、美妙极了，一直走了十五天才返回来。对于求福的事，他从来不去奢求。庄子认为，能像列子那样幸福自由的人世界上少见，可是他虽然不必用脚走路，却仍要凭借风力，还是"有所待"的。庄子认为，只有那种顺应自然的本性，顺应天地间的阴、阳、风、雨、晦、明六种气的变化，不受时间、空间的限制而任意遨游的人，才是"无所待"的，这只有"至人""神人"和"圣人"才能做得到。至人忘掉了自己，神人不去追求有功，圣人不去追求成名，所以他们不需要凭借任何外力而受到限制，这才叫"无待"。"无待"才是庄子理想中的最高境界，也就是绝对自由的境界——"逍遥游"。

根据这种十足的幻想，庄子又幻构出一个最典型、最美好的人物形象。他说在藐姑射山上住着一位神人，她的皮肤像冰雪一般洁白，风姿像处女一般秀美。她不吃五谷杂粮，只吸清风，饮甘露。她乘着云气，驾着飞龙，在四海之外遨游。她的精神十分凝聚专一，对万物不闻不问，从而使万物不受灾害，年年五谷丰收。她同万物融为一体，没有任何东西能伤害她。洪水涨到和天一样高也淹不着她，大旱时热到金属和石头都熔化了，田地和大山也都烤焦了，她也不感觉到热。用她身上非常细小的尘子和糟糠，就可以造就出尧和舜这样的古代圣帝来。那么，她怎么肯去做治理天下这种俗事呢？

　　庄子塑造了这么一个神人，是为了说明他所追求的"无待"即绝对自由的境界。庄子提出这种理想境界，其实质就是要摆脱生活在当时的混乱社会中的一切痛苦和烦恼。具体的做法就是不求名、不求利，清除心中的一切杂念。这样就不会产生任何欲望，也就没有喜怒哀乐之情，甚至连自身的存在也忘掉了。于是内心是一片虚无安宁，就在心中创造出了一个绝对自由的世界。对外在世界，没有任何的需求，不去干涉，与人无争，与世无争，这样对外也就获得了绝对的自由。

　　当然，这些都只是幻想，根本没有办法实现。事实上，作为一个有生命的人体，最基本的也有衣食住行的生活需要，这些需要必然要向外界索求，否则是无法活下去的。更何况人是生活在社会中的，必须要受到社会的（在阶级关系中还要受到一定阶级关系的）制约和影响。人们绝不可能脱离社会而绝对独立地存在。庄子所追求的绝对独立的境界，仅仅是一种逃避现实而不可能实现的愿望，是一种心造的幻影。他的理想只能在精神上达到，只能在内心的天地里"逍遥游"。

▶ 《齐物论》

　　既然向往脱离社会而事实上又身居于这混乱的社会之中，那么，对世界上形形色色的事物、社会上的纷扰以至各学派的激烈争辩又该如何看待呢？这就是《齐物论》所要回答的问题。

　　"齐物论"有两种解释：齐物之论与齐同物论。其实两者是密切相关的。"物论"就是人们对事物的评论。不同的人对不同的事物会产生不同的评论，而庄子认为，事物本身是不分彼此的，因而都是齐同的、一样的。而人们关于是与非、然与否的争论都是从各自的立场出发，抱有私心成见。庄子认为，从道的观点来看，万物是齐同的，因此物论也应该是齐同的。

该篇中有个著名而又奇特的论点："天下莫大于秋毫之末，而太山为小；莫寿乎殇子，而彭祖为夭。"说天下没有比秋天里鸟兽新生出的毫毛的尖端再大的东西了，而泰山是最小的；没有比夭折的小孩更长寿的了，而寿至八百岁的彭祖是短命的。庄子这种说法同人们的常识恰好相反，这是为什么呢？原来，庄子认为，天下万物虽然看起来是千差万别的，但其实同出一源——"道"，道即是"无"。如果同无相比，秋毫之末当然可以说是极大的了。而天地万物浑然一体，泰山只是其中非常小的一部分。所以他在下文说："天地与我并生，万物与我为一。"这就是说天地、万物和人浑为一体，因为都是从"道"派生出来的，所以它们的本质是一致的，而它们之间的差别则是相对的、暂时的，因而差别是微不足道的。能消除所有差别，把握本质，齐同万物，这样来看待客观事物，就是"齐物论"。

在庄子看来，像一般人那样去仔细辨别秋毫之末与泰山大小、殇子和彭祖的寿夭、斤斤于区分事物的差别，是徒劳的、没有意义的，是由于不懂得"道"。他在《逍遥游》中把大鹏和小雀、万年大树和朝生暮死的朝菌的差别看成是微不足道的，也正是"齐物"理论的应用。同样的道理，庄子认为人们的是非之争也是没有意义的。

在《齐物论》中说："夫随其成心而师之，谁独且无师乎？"意思是：如果依据自己的主观成见作为是非标准，那么谁没有一个标准呢？他还说："夫言非吹也，言者有言，其所言者特未定也。果有言邪？其未尝有言邪？其以为异于鷇（kòu，初生的小鸟）音，亦有辩乎，其无辩乎？"意思是：言论不是吹风，发表言论的人都有所说的内容，但他们的言论又都自以为得当而不能有定论。他们果真有这些言论呢，还是没有过这些言论呢？他们都自以为自己的言论不同于刚出蛋壳的小鸟叫声，到底是有分别呢，还是没有分别呢？庄子认为儒家、墨家的争论，是"以是其所非，而非其所是。欲是其所非，而非其所是，则莫若以明。物无非彼，物无非是，自彼则不见，自知则知之。故曰：'彼出于是，是亦因彼。彼是，方生之说也。'"这是说，儒墨显学的是非之争，他们都是各自肯定对方否定的东西，而各自否定对方肯定的东西。如果要肯定对方的所非而非议对方的所是，还不如以空明的心境去真实地反映事物的实情。宇宙间的事物没有不是彼的，也没有不是此的。从彼方看不见此方，从此方来看就知道了。所以说，彼方是出于此方，此方也依存于彼方，彼与此是相互依存的。

因此，庄子说像儒家、墨家这样各自坚持己见，攻击对方，唇枪舌剑，身心受累，沉溺其中而不能自拔，这是多么无谓，没有意义啊！从彼与此的角度来说，对事物的认识也是一样的道理。庄子认为人的形体是道产生的，人的认识（心）也是道赋予的，所以人只要按照道所赋予的认识能力（成心）去认识世界，就能得到正确的认识，不论聪明人或愚笨人都一样。但是人们往往用主观片面的认识（"小成"之心）蒙蔽了道，因此产生了是非之争。

照他说来，是和非也是相对的，就同彼和此是相对的一样。任何事物都是"彼"，也都是"此"。因为任何事物就自身来说都是"此"，而对其他事物来说，又都是"彼"。从"彼"方看"此"方，总有看不到的地方，从"此"方看自身，就可以看得很清楚。是与非也是这样，你认为是的，他认为非，其实果真是"是"吗？果真是"非"吗？最好的办法是不要对立和互相攻击，而要任由它们各行各自的是非，这种办法叫作"两行"。也就是说，让是与非、彼与此，以至万物，按照自然规律自由地发展变化，就像在一个圆环上运行，流转无穷，而不再是相互对立。这样就可以使对立的事物，如儒家与墨家的争论以至诸子百家之间的争论不休都消除了，一切差别都消失了，而"道能为一"，即统一于道了。这样看待事物就是掌握住了"道枢"，即道的枢纽。

庄子的"齐物论"的理论基础是"万物同源"。单单就认为世界万物的本源是一致的而言，万物同源的论点是有道理的。可是，庄子把世界万物的本源归之于精神上的道，又因本源上的一致而抹杀万物之间存在的质的差别（各个具体事物有自己的特殊本质），却是错误的。庄子指出不同事物的差别和斗争是相对的、暂时的，这在一定条件下也有其合理性。可是，他强调这种差别和斗争是微不足道的，从而在实际上否定了客观存在的斗争的对立和斗争的绝对性，这一点是错误的。还有，他把事物的转化说成"物化"，即一切都是"道"的变化，道生万物，道也能变化万物。

《齐物论》的最后写了一则有关"物化"的寓言，就是有名的"庄生化蝶"的故事：

过去庄周做梦，梦到自己变成了一只栩栩如生、飞舞自得的蝴蝶，生动活泼，自己为适合心意而感到愉快，竟然忘记了自己是庄周。可是过了一会儿他睡醒了，意识到自己仍然是庄周，感到惊疑不已。不知道是庄周在梦中变成了蝴蝶，还是蝴蝶做梦变成了庄周。庄周和蝴蝶毕竟是有区别的，这种物我的变化就叫作物化。

这就是说：庄周也罢，蝴蝶也罢，其实都是道的变化，就是"物化"外形虽然变化了，而其实质"道"并没有变化。事物千变万化，给人以"物不齐"的感觉。如果能透过事物外表的不齐，认识到事物的本质都是"道"，那么，万事万物自然就齐同了。这就是"齐物论"。

庄子与蝴蝶都渴望自由飞翔，只是形体不同而已，或许是蝴蝶的精神进入了庄子的体内，而总是向往逍遥；又或者是庄子的精神外化为蝴蝶，蝴蝶就是自我，在自由地翩翩而飞。万物之间总有相通之处，这种东西，大概就源自于道吧！人不用刻意追逐过多身外之物，也不用想象太多乌有之物，闲下来，望一望蝴蝶，那就是我们的精神在飞舞，而不要一定刻意地将蝴蝶的翅膀或者飞翔的能力化为人类的能力。

我们知道，事物的转化必须具备一定的条件，能够转化的乃是现实的、具体的矛盾。庄子提出一个玄妙万分的"道"，认为世界上任何事物都可以无条件地随意转化，这就属于唯心主义的幻想。他用这种高深、神秘莫测的理论来否认万物的差别，抹杀一切矛盾，不过是为了逃避现实而求得内心的安宁罢了。

《逍遥游》《齐物论》和其他许多篇章都反映出：庄子对事物无时无刻不在运动、变化，对事物的相对性和对立事物的互相转化，都有一定的认识。虽然，庄子把这种相对性绝对化了，否认大小之分和是非之别，抹杀了客观真理的存在，陷入了相对主义和不可知论，这是庄子唯心主义的必然归结，但是，在庄子的思想中，蕴涵着相当丰富的辩证思维的因素，这毫无疑问是庄子哲学思想中非常可贵的成就。

中国古代哲学史上的唯心主义有种种表现。有的人强调主观精神，却是为了逃避现实，抹杀现实社会中的矛盾和斗争，这实际上是对现实的屈服。显然，庄子的唯心主义哲学是他消极厌世的人生观的理论依据。

▶ 《外篇》概述

《外篇》十五篇，是《内篇》的补充和发挥，观点阐述得更为明确和具体，对丑恶现实的愤慨表现得更为强烈。这可能由于部分作品的作者是庄子的后学，他们生当战国晚期甚至秦汉之际，战争更为激烈，生活更为痛苦，所以文章中所反映出来的感情也就更加强烈了。

《外篇》的十五篇为：《骈拇》《马蹄》《胠箧》《在宥》《天地》《天道》《天运》《刻意》《缮性》《秋水》《至乐》《达生》《山木》《田子方》和《知北游》。

其中《知北游》取篇首的三个字为题。知，人名。北游，往北方游历。本篇写了八个寓言，都是通过问道来论述道。这是一篇专门讨论道家的本体论的文章，反复描述了万物的本体——"道"是虚无的，又是无所不在、庞大无边的，它产生了万物，也支配着万物。本篇中提出了"通天下一气耳"这个有名的命题，认为天下万物的种种变化都是"气"的作用；又提出了"臭腐复化为神奇，神奇复化为臭腐"的观点。由于道是虚无的，因而对道不能问，不能说，也不能见，无言无为才能得道。老子以"无""有"作为道的别名，本篇在"无"之上更提出了"无无"，意即绝对的虚无。在本篇中对道的解释比《大宗师》中说得更加具体一些。

《天地》《天道》《天运》等篇，讲了天道与人道、君道的关系。阐明道是自然的，是不断发展变化的，顺之者昌、逆之者亡。如孔丘之徒死守《六经》，宣扬仁义，结果到处碰壁，他们至死梦想恢复两周的繁盛，有如陆地行舟。具体每一篇的主要内容为：《天地》篇论述了君主应当具备什么样的道德和如何进行道德修养。作者认为君德就是天德，君主应该是有最高尚的道德，成为天道的体现者，这就是以历史上最原始时代的君主为榜样，做到无为无欲，天下自然就会太平了。《天道》篇中"天道"的意思为自然的规律。本篇的中心是论述天道以及天道与天道的关系。天道自然无为，帝王都应该效法，同时，人道有为也不能废除。无为是君道，有为是臣道，天道有尊卑先后，人道亦应有尊卑先后。

文章还从天道的秩序来论证社会上人伦秩序的合理性，这说明作者虽然在理论上坚持了道家无为的总原则，但实际上对道家学说已经有所修正。《天运》中所论述的内容与《天道》《天地》有部分相近。天运，即自然的运转。本篇着重说明天道就是自然之道，是不断变化发展的。顺着自然的变化就可以取得成功，违背自然的变化则要闯祸。篇中强调变化发展，反对固执旧说，而孔丘之徒固守《六经》所宣扬的仁义忠信的旧理论．三皇五帝的老经验，结果是到处碰壁。不过篇中宣扬的仍是复古主义，认为从黄帝到夏、商、周的发展可以说是一代不如一代。

《外篇》中这几篇所持的政治要"应时而变"的观点，与《内篇》中所论的完全弃绝政治的观点已经有所不同。这几篇中的主张君道无为、臣道有为和肯定人伦秩序的合理性等的论述，其实在一定程度上是自相矛盾的。与《内篇》相比较，从《外篇》中可以看出庄子学派的发展变化，已受到儒、法等家学说的某些影响。

《骈拇》《马蹄》《胠箧》《在宥》《缮性》《至乐》《达生》和《山木》等篇，是讲人性、养性等问题的。篇中认为人性是有自然的天性的。凡仁义、礼乐、名利等等都是多余的、无用的，甚至是有害的。例如马用蹄子践踏霜雪，用毛抵御风寒，吃草饮水，随意举足跳跃，这是马的天性。伯乐却说他善于训练马，用烧红的烙铁给马打上火印，剪齐马的鬃毛，修刻马掌，给马戴上笼头。嚼子的约束，加上后面有鞭子的威胁，这样马的天性就失去大半了！仁义、礼乐残害人的天性就跟这一样。

《胠箧》中写道：人们束紧口袋，锁牢箱柜，在于防盗。可是，大盗把口袋、箱柜一起拿走，还生怕束得不紧、锁得不牢。这样一来，本来是用来防盗的手段不就成了为盗贼方便而设的吗？田成子窃得齐国，连同治理国家的"圣人之法"一起盗去，但是能够安然无事。由此看来，"圣人之法"岂不是为田成子这些人的方便而设的吗？又进而指出，圣人提出治理天下的办法，善人、恶人都可以用，善人用来做好事，恶人用来做恶事，而天下恶人多，善人少。所以用这套方法对天下人来说害多利少，应当打碎。其次，指出当今社会一切文明成果皆被大盗窃走，变成了维护他们私利的工具。因此，只有绝圣弃知，摒弃一切文明成果，才能从根本上改变这种不合理的状况。因此，本文作者指斥圣人提倡仁义实际上是给大盗做了帮凶，所以发出"圣人不死，大盗不止"的呼声。

《在宥》篇中说：夏、商、周三代以下，天下大乱，君主都凭借酷刑进行统治，受刑的人到处都是。而儒墨之徒宣扬仁义，实际上是在强化统治人民的工具而已。因此篇中得出结论：君主"莫若无为"，显然是以人性自然论为基础的"无为"政治论。

无为而治天下，是对统治者而言的。至于个人，在这样的社会里应该怎样生活下去呢？《山木》篇讲道：庄子看到山上一棵长得很繁茂的大树，伐木人却认为它没有用处而不去砍它，这棵树因此存活了很久。庄子下了山，住在朋友家里，老朋友让仆人杀只鹅款待他。仆人问：两只鹅，一只会鸣，一只不会叫，杀哪只？主人说，杀那只不会叫的。树"以其不材得终其天年"，而鹅"以不材死"，这就说明材与不材都具有两种不同的命运。从而庄子认为，生活在当时那样的战乱社会中，只有处于成材与不成材之间，才能免祸。但这样在夹缝中过日子是非常痛苦的，而且还是有一点儿危险的，所以最后提出，掌握了天道就能逍遥自在，没有什么东西能伤害到自身等。

《刻意》篇中对隐居、游学、做官、导引养生等都做了否定。同时强调要忘怀一切，恬淡无为，使精神纯粹，顺乎自然，这样才合乎天道，才是养生最正确的方法。

《至乐》和《达生》两篇提出：人们应认识到疾病死亡是自然规律，要抛弃对名利地位的追求，要慎于饮食，同时还要排除一切杂念。这样，就能达到最愉快的境界。《达生》篇讲了纪子为齐国君王训练斗鸡的故事，说是经过他一步步的训练，鸡变得没有傲气，没有反应，到后来就像个木头鸡似的，结果却没有一只鸡敢跟它斗。这个故事意在说明：人也要做到像纪子训练斗鸡一样，没有好胜之心，不为外界事物所动，才能无往而不胜。

以上举的各篇都是对《内篇》的补充和发挥。这里应该指出这么一点：《庄子》里的不少文章，主要是通过故事和譬喻来表达作者的观点，但是缺乏真正切实的论据。像无为而天下大治；掌握天道就能逍遥自在；无好胜之心就能无往而不胜，等等，这些很大程度上都仅仅是主观幻想而已，无法实现，当然也就提不出真实有力的根据来了。

不过，《庄子》一书中关于客观事物的矛盾及其变化的认识，具有丰富的辩证因素，却是不容抹杀的。《秋水》篇即是如此。

《秋水》是《外篇》中，也是《庄子》全书中的名篇之一。该篇讲了七个寓言，其中最脍炙人口的是"河伯与海若"的故事：黄河之神河伯，由于黄河水面宽阔得站在岸边都分辨不清对岸的牛和马来而扬扬自得，认为天下水的壮观都集中在自己身上了。但等他到了北海，看到海水汪洋无际，不禁感到惭愧，并向北海之神海若讲了自己认识的转变。海若表示赞许地说："人们的狂妄自大是受了环境和眼界的限制，现在你认识到了自己的不足，就可以同你讲论大道了。北海之水是天下最大的水，但我从不为此自傲，因为北海在天地间不过像泰山上的一块小石、一棵小树，整个中原地区在海内就像大粮库中的一粒米，人只是万物中的一种，人类与万物相比不过像马身上的一根毫毛，所以三皇、五帝、儒家、墨家所争的，也不过是在这样渺小范围之中的微不足道的小事而已。他们以此自夸，不也像你原来因水大而自豪那样吗？"

以上似乎谈的只是"人外有人，天外有天"的道理，告诫人们不应该以己之长而骄人。其实这只是个开头，下面则申述了一系列哲学理论：时间和空间都是无穷的；一切事物的大小都是相对的；毫毛的尖端不是最小的，天地也不是至大无穷的；从小看大，会感到没有尽头，从大看小，则会感到小得看不清；世间万物的容积既有无穷大又有无穷小；时间没有止境，而且永在流逝，毫不停留；事物的界限也随着时间、空间的变化而改变。

《秋水》篇反映出作者的哲学思想丰富而精深，它已经接触到宏观世界和微观世界的问题，而且出色地论述了事物的相对性和辩证关系。这些是对《内篇》的具体发挥。

▶ 《杂篇》概述

《杂篇》十一篇，是庄子后学对庄子思想的继承和发挥。宣扬无论是修身养性、为人处世，还是治理国家，都要"纯任自然"，要去掉是非、善恶、爱憎之心，不要贪欲，不要争斗，不要追逐名利，要忘掉一切，连同自己也要忘掉等。各篇从不同角度都阐明了这一主题。

《杂篇》包括：《庚桑楚》《徐无鬼》《则阳》《外物》《寓言》《让王》《盗跖》《说剑》《渔父》《列御寇》和《天下》。

《徐无鬼》篇讲的是，战国时期魏隐士徐无鬼向君王魏武侯介绍了相马相狗之术，说最好的狗和马都是精神内守而专一的，而下等的狗只知道贪吃。以此作为譬喻，来劝说魏武侯去掉嗜欲、好恶和爱憎之心，而要"修胸中之诚以应天地之情"，即无欲、顺应天然。

《则阳》篇讲的是，魏贤人戴晋人为劝止魏惠王（魏武侯之事）伐齐，讲了这么一个寓言：蜗牛的左角上有个国家叫"触氏"，右角上有个国家叫"蛮氏"，两国为了争地盘而打起仗来，而且战争激烈，死伤有好几万。如果从宇宙无穷来看，天下之大，其中有一个魏，魏中有一个都城大梁，大梁里才有大王您，大王和蛮氏不是一样吗？文章的意思是说：诸侯之间的争战，在广阔无边的宇宙中是微不足道的，就如蜗牛两角之争，不值得为此伤人害己，所以应该去掉争斗之心。

《盗跖》篇取一人名为本篇题目。盗跖，春秋末年的农民起义领袖，一个名叫跖的大盗。本篇通过"无足"（假托的人名，意思是不知满足）和"知和"（假托的人名，意思是知道适于清廉和顺的人）的问

蜗角蛮触

答，破除了以儒家学说为代表的名利观念。作者还通过盗跖批驳孔丘的寓言，说明圣人与盗贼没有多大区别，都是追逐名利之徒。而人生如白驹过隙，因此应该以快活长寿为目的。追求名利对身心大有危害，只有知足，与人无争，使心性敦厚朴素，才是安乐长生之道。

《列御寇》篇中写了一系列故事，其主旨在于说明只有做到虚无、任其自然，才是真正懂得大道。如果一味表现自己，任用巧智，居功自傲，得利忘形，就迟早会给自己带来祸害。作者将因为得宠于君王而富贵者比作给君王舐痔者，反映了作者对名利地位的鄙视。

《寓言》篇从题目和第一段内容来看，作者自叙了《庄子》的写作特点，如寓言、重言、卮言。从全篇来看，仍是讲解学道的态度和方法，如要抛弃勤志服知之心，要忘禄忘亲，要看破生死，要任其自然而不问其所以然，要态度谦虚，不可傲慢。

《让王》篇主旨在于阐明作者轻物养生、无为而治的思想。让王，辞让王位的意思。本篇通过几个让王的故事，说明治身为本，治天下为末，而为了权位危害身心，则是本末倒置。文章中宣扬安贫乐道、洁身自好，并用借古讽今的手法，充分表现了对当时现实的不满。不过这种不满往往是从仁义的角度出发，其逃避现实的做法与《内篇》中讲的游世哲学也有比较大的区别。因此，也有学者认为《让王》篇不是庄子本人所作。

《杂篇》中也有对现实的黑暗面和统治者标榜仁义的虚伪面的揭露和抨击。如在《庚桑楚》篇中作者指出："天下之所以大乱的根源必定是产生了尧、舜，它的最终恶果将出现于一千代之后。一千代以后，一定会出现人吃人的同类争斗的惨剧。"这个论断深刻地揭示了伴随着私有制的建立而产生的压迫剥削所造成的罪恶。

在《盗跖》篇中，假借盗跖之口，责骂孔丘是用虚伪的仁义迷惑天下各诸侯国的君主，以窃取荣华富贵。盗跖当面痛斥孔丘说："天下的强盗没有比你再大的了，可天下人为什么不把你叫作'盗丘'，反而把我叫作'盗跖'呢？"并形容孔子听了盗跖的话以后，叩拜了盗跖，急忙跑出门外，驾上车，马缰三次脱手，眼神茫然，面色如灰，低头按着车轼，几乎不能喘出气来。这里所讲的显然是纯属虚构的寓言，完全不能作为评价孔子的依据，但是文章中对假借仁义之名以欺骗天下的行径痛加贬斥，倒是一针见血之论，因为这种伪善在当时的阶级社会中是屡见不鲜的。

《杂篇》的最后一篇，也就是《庄子》全书的最后一篇《天下》篇，题目是取篇首二字而成。《天下》篇可以看成是一篇哲学史性质的论文或一部简明的先秦哲学史。本篇作者站在庄子学派的立场上，按照学术发展的过程，也就是道术分裂为方术的过程的学术史观，对几家重要学派进行了分析评判。作者认为古代的道术是最完美、最纯正的，它无所不包，体现在一切方面。而后世的学者各得其一端，各执己见，自以为是，如儒、墨、法等各个学派就各自宣扬自己派别的主张，标榜自己的学说是学术的顶峰，可是实际上只是一方之术、一管之见，因此道术被他们弄得支离破碎。但是，各家之说在不同程度上还是反映道术的某部分。于是，作者根据各个派别与道术的关系，从远及近地列举了墨翟、禽滑厘、宋钘（kāi）、尹文、彭蒙、田骈、慎到、关尹、老聃等诸家学说，并对每一家的学说进行了比较详细的分析。作者对每个派别的学说都首先肯定了他们反映道术的某些方面，然后批评其不足的地方。指出前面三家还是外在于道术，而到了关尹、老聃才称得上是得道的博大真人。最后作者认为庄周学说才是当时学术的高峰，恢复了古代道术的面貌。作者认为庄周学说的要义在于"独与天地精神往来，而不傲倪于万物。不谴是非，以与世俗处"。还称赞他对于"道"的论述广博透彻而又精深，对于"道"阐述得周密妥帖，合乎天道，对不断变化着的事物的理论分析也永无止境。

本篇还评说了《庄子》一书的写作笔法风格。《天下》篇对庄周及其思想的评价充满了赞美之词。总之，《天下》篇不仅是研究先秦诸子思想的重要参考文献，更是研究道家思想发展变化的重要依据。

此外，《杂篇》中的有些篇混杂有其他学派的思想，而与《内篇》的观点和论述相抵触。可见，战国至秦汉之际，在由分裂走向统一的历史进程中，各学派互相渗透，有各种思想交错融合的倾向。因此，《杂篇》可以说是非一时一人所作。

▶《庄子》的文学价值

先秦诸子行文各有其妙处，有如百花竞放，《庄子》便恰如这百花园中的一株奇葩。它思想深湛，想象奇幻，气势磅礴，神采飘逸，形象动人，辞藻秀美，充满了浪漫的色彩和浓郁的诗意。关于《庄子》一书的文学成就，首先应该提到的是寓言。"寓言"之名最早就是出现在《庄子》一书中，书中专门有《寓言》一篇，篇中说"寓言十九"，即是说全书中有十分之九是寓言。因为他认为当时天下人都混混沌沌，不能同他们郑重其事地讲大道理。同时，寓言故事又比较简单易懂。所以便采用寓言这一巧妙生动的叙述方式来阐明自己的各种思想与主张。

《庄子》寓言的想象力是十分惊人的，上天下地，神州八极，驱使万事万物，构成奇诡的故事，把人引入神奇的世界。比如《逍遥游》中写的大鹏雄飞万里，藐姑射山神人遨游天外，都体现了这一特点。再如"任公子钓大鱼"的故事（《外物》篇），讲任国公子用巨大的渔具和五十头牛的肉当钓饵，坐在会稽山顶，钓东海的鱼，整整一年都一无所获。有一天，一条大鱼吞食了鱼饵，没入大海，奋力挣扎，掀起巨大如山的白浪，大海震荡怒吼，震惊千里。任公子把这条大鱼钓起来后，切碎晾干，分给人们，使浙江以东到湖南九嶷山以北的人吃够了这条鱼的肉。这个故事极度夸张，构思奇特，十分出乎常人的意想，还给人以启示：有远大理想和过人才能而不急于求成的人，才能大有作为。

《庄子》寓言还善于描写事物，雕琢众形，精巧入微。如《养生主》中对庖丁解牛高超技巧的描写，细致生动，神态毕现，动人心魄。在《秋水》篇中把坎井之蛙坐井观天还自鸣得意的神情动作描写得淋漓尽致，可笑又可怜，使读者不由得联想到那些见识浅陋而又妄自尊大的人们。最突出的是《奇物论》中对风的描绘：大地吐气，其名为风，它一发作，就使万窍怒吼。山窝里的坑洼，大树的洞穴，千形百状，有像鼻孔的、像嘴巴的、像耳朵的、像钟的、像杯子的、像石臼的、像深池的、像浅坑的，风一吹起来，它们就发出千声万响：怒吼声、咆哮声、斥责声、吸气声、喊叫声、号哭声、欢笑声、鸟鸣声。风在前面唱，它们在后面和。清风就小和，暴风就大和，狂风停止后则万窍无声，而树枝还在余风中轻轻摇荡。庄子把无形的风描写得如此具体、生动、变化多端，使人如闻其声，如见其形。而且整段描写富有节奏感，像一支非常美妙的乐曲，起得猛，杀得急，中间千变万化，结尾余韵袅袅。这可以说是给以后写物的文章创下了范例，成为宋玉《风赋》的先声。

《庄子》更擅长运用寓言进行讽刺。对浅薄无知的小人进行善意的讥笑，如在小雀与大鹏、河伯与海若、井蛙与海鳖的对比描写中，把小雀、河伯和井蛙的少见多怪、无知狂妄的神态刻画得惟妙惟肖。对有些人和事则进行鄙薄的嘲弄，例如讥讽惠施留恋大梁相位就像鹞鹰守住死耗子生怕被抢去一样可笑；把当时诸侯之间频繁的兼并战争比作蜗牛头上两角之争，鄙薄这些战争都是毫无意义的；在《列御寇》篇中，写了一个"舐痔得车"的寓言：宋国使臣曹商出使秦国，秦王很喜欢他，赏了他近百辆马车。他回来后向庄子夸耀。庄子说，听说秦王得了疾病，叫医生来治，并且规定，能治好脓疮的可得到一辆马车，能给他舔脓疮的可以得到五辆马车，治的病越肮脏卑下，能得到的马车就越多。然后接着问曹商是不是给秦王舐痔了，要不然怎么能得到那么多的马车。这则寓言对利欲熏心的无耻钻营之徒的讽刺挖苦，真可谓入木三分。

《庄子》的寓言内容奇妙，含义深刻，变化多端，嬉笑怒骂皆成文章，而且数量众多，全书一共有寓言大约二百则，真可谓寓言宝库。称庄子为寓言大师，当非过誉。

庄子才华横溢，行文汪洋恣肆，奇诡飘逸。在语言上表现为众彩纷呈，变化无穷，所用词汇如万斛珠泉，随地涌出。

为了使他的寓言生动感人、思想表达得准确深刻，庄子创造了许多具有独创性的新词。比如他把旋风叫作"扶摇"，又用"羊角"一词形容它，非常形象贴切。他把空气中飞动的游气叫作"野马"，称大地为"大块"。夸张动物之大为"吞舟之鱼"和"函（含）车之兽"。用"犹然"形容笑，用"泠然"形容轻快，用"栩栩然"形容生动，用"欣欣焉"形容高兴。再如"澡雪"（意为洗净），"条达"（意为顺畅），"散人"（意为不成材的人），"火驰"（意为飞跑），"流遁"（意为逃避），"淑诡幻怪"（意为奇异荒诞），等等，不胜枚举。

《庄子》创造的众多词语丰富了祖国的文学语言，为历代作家所赞赏和使用，有许多词语仍然为现代人们所使用。比如逍遥、果腹、孟浪、雀跃、猖狂、隐约、跳梁、雕琢、溢老、天年、天机、臃肿、蜷曲、混沌、鼓腹、嚆矢（响箭。故用以比喻事物的开端。犹言先声）等，经常被人们用在口语或书面语言中。

《庄子》的奇妙寓言和生动词语在长期传诵中形成了许多脍炙人口的成语，如鹏程万里、越俎代庖、大相径庭、栩栩如生、游刃有余、踌躇满志、不见全身、刃发若新、薪尽火传、安时处顺、螳臂当车、相濡以沫、善始善终、不可言传、得心应手、吐故纳新、望洋兴叹、粟米太仓、推舟于陆、东施效颦、井蛙之见、呆若木鸡、送往迎来、亦步亦趋、失之交臂、天高地厚、每下愈况、得鱼忘筌、得意忘形、捉襟见肘、分庭抗礼、不近人情、求之不得、孟浪之言、莫逆之交、化腐朽为神奇、索我于枯鱼之肆、君子之交淡如水，小人之交甘如醴，等等，至今尚为人们所引用。

为了生动地体现丰富而神奇的想象、透彻地说明自己的论点，庄子调动了比喻、拟人、夸张、衬托等多种修辞手法。各种比喻在书中随处可见，而且寓言本身就是一种丰富多彩、寓意深广的比喻。它以小喻大，以近寓远，以物寓人，以事寓理。庄子还赋予千百种事物以人的性格，如小雀、井蛙、海鳖以至河、海，都使之具有人的思想、感情、动作和语言，把它们的神情描写得栩栩如生、耐人回味。

夸张的手法也经常运用。除了前面讲的北海鲲鹏、任公子钓鱼东海、庖丁解牛外，还有"匠石运斤"的故事（《徐无鬼篇》）。故事说的是一个姓石的匠人，把斧头抡得呼呼地带着风，向郢都人鼻尖上那点像苍蝇翅膀那样薄的白灰砍去，白灰被削得干干净净，而鼻子一点儿都没有被伤着。这真是神乎其神，令人惊叹，夸张手法竟运用得如此熟练而巧妙。

有的文章还综合运用了各种修辞手法。如《逍遥游》，一开篇就写出鹏飞万里的磅礴气象，这是一比。又举"杯水芥舟"（一杯水只能飘起用小草做成的船）为喻，指出大鹏高飞也要借助大风之力，这是比中之比。推进一层，运用拟人修辞讲习惯在小范围内低飞的小雀鸟眼光狭隘，故而嘲笑大鹏远飞南海为徒劳。再引出朝菌和蟪蛄（寒蝉）、大椿树和彭祖等一连串比喻，说明寿命长短都是有限度的。写到这里，又回笔指出大鹏和小雀不过是大小不同，而在受限制、需凭借这一点上是一样的。如此行文，回环多姿，其后再推进一层，由物变到人。从那些有小智小德、自鸣得意的人，谈到超脱荣辱之感的宋荣子，再谈到能御风而行的列子，指出后者仍有所待。这一层内是前后烘托地把论析向前推进。直到这里，才揭明文章主旨：至人无己，神人无功，圣人无名，只有"无待"的人，才能达到绝对自由的境界。写到这里似乎文义已完，却更补一层为证，举出尧让天下给许由而许由不接受的历史传说，更塑造出藐姑射山神人这样一位"无所待"的理想人物，形象地阐明了"逍遥游"的真谛。这篇文章通过一连串寓言，运用比喻、拟人、对比等多种形象化修辞手段，层层推衍，互为烘托，曲尽其意，最后才点明主旨，使人透彻了解其命意。全文如万里长河，奔流迂回，历尽曲折，终于豁然开朗，归入大海。

其他如《齐物论》《养生主》《人间世》《大宗师》，以及《外篇》的《马蹄》《秋水》诸篇，写法虽有不同，但都各极其妙，众美纷呈。而行文汪洋浩瀚，奇诡飘逸，则是同具的特点。对于庄子这位杰出的语言大师，鲁迅曾称赞："其文则汪洋捭阖，仪态万方，晚周诸子之作，莫能先也。（摘自《汉文学史纲要》）"

▶ 庄子及《庄子》的深远影响

在中国文化史上影响最大的学派有二：一是以孔孟为代表的儒家；一是以老庄为代表的道家。在先秦，除孔孟、老庄外，管子、荀子、商鞅、韩非、宋锎、尹文、墨子等人都建立了自己的学说体系，不过在秦汉以后都衰微了。儒家以邹鲁文化为中心，注重社会人事；老庄思想则反映了荆楚文化的特点，注重天道自然。在中华民族的精神结构中，一般来说，儒家思想构成其现实层面，道家思想构成其超越层面，"儒道互补"构成了中国文化发展的内在张力和基本构局。

庄子是道家集大成的人物。他的著作含蕴深广，文采卓绝，在我国古代的思想史和文学史上都占有重要的地位。但在先秦至两汉的数百年间，其人其书都不显赫。战国时期，一些法家曾直接主持了变法，儒、墨两派也属"显学"，庄子则因其思想同当时的政治形势格格不入而不被当时所重视。汉初崇尚老子之学，主要是在一定程度上吸取了无为的思想，以利于贯彻与民休息的政策，恢复被战争破坏的经济，但并非全盘接受老子学说。至于庄子的思想是要求人类社会倒退到原始蒙昧的状态，根本弃绝政治、不要政府，当然是汉王朝无法接受的。汉武帝以来，儒家逐步确立了它在思想学术界的统治地位，道家和庄子就更是相形见绌了。

魏晋南北朝时期，原来统一的大帝国开始变成南北对峙，战祸频繁，政治形势变幻莫测，呈现了王朝不断更替的局面。在这社会大动荡中，儒学失去了昔日的独尊地位，而不少士大夫为逃避政治风险，专事玄妙的"清谈"，道家思想就成了他们的精神支柱，道家著作于是备受重视。

魏晋时王弼注《庄子》，向秀和郭象等注《庄子》，同时为《庄子》作注的人有几十位之多。一时间老庄之学盛行，谈玄论道，蔚成风气。东汉末年出现道教，奉老子为教主，与儒、佛二教争长。唐朝皇帝姓李，尊老子（一说李耳）为始祖，号太上玄元皇帝，道教势力大盛。唐玄宗时还封庄子为南华真人，尊《庄子》为《南华经》，《南华经》和《道德经》都成为道教的经典。可以说自魏晋以来，庄学一直有相当稳固的学术地位，并呈现上升的趋势。

徐复观在《中国艺术精神》中说："庄子之所谓道，落实于人生之上，乃是崇高的艺术精神；而他由心斋的功夫所把握到的心，实际乃是艺术精神的主体。由老庄思想所演变出来的魏晋玄学，它的真实内容与结果，乃是艺术性的生活和生活上的成就。历史上的大画家、大画论家，他们所达到、所把握到的精神境界常不期然而然的都是老庄思想的境界。宋以后所谓禅对画的影响，确切地说也是老庄思想。"

庄子的思想极容易引起历代隐士、落魄文人甚至失势官僚的认同和共鸣，并成为他们孤寂心灵的慰藉。冯友兰在其《中国哲学史新编》中对庄子哲学做过这样的评价："在历史中的任何时代，总有不得志的人，在一个人的一生之中，总是遇到些不如意的事，这些都是问题。庄周哲学并不能使不得志的人得志，也不能使不如意的事变得如意。它不能解决问题，但它能使人有一种精神境界的超然物外。对于有这种精神境界的人，这些问题就不成问题了，它不能解决问题，但能漠视问题。人生之中总有些问题是不可能解决而只能漠视的。"确实，漠视问题也不失为解决问题的一种方法。

庄子学说作为一种对中国社会产生广泛影响并且有重要价值的思想体系，对之用现代观念和方法重新加以认识和研究，仍具有重要的现实意义。人类社会经过漫长的发展，创造了灿烂的物质文明和精神文明，人们享受到了愈来愈丰富多彩的物质文化生活。然而，随着科学技术的发展，人类社会也产生了愈来愈多的问题。如人类对自然界过度的、没有计划的开发利用，已造成了人类自身赖以生存的自然环境的严重破坏；又如由于现代社会人们过于看重金钱和物质利益，无休止地追求物欲的满足和感官的享受，造成社会关系日益紧张和自我身心失衡。这些问题已开始影响和威胁着人类社会进一步的和谐发展，有识之士已开始关注这些问题，并试图探寻解决问题的途径。如果我们对人类社会曾经产生的有价值的传统观念和生存智慧予以足够的重视，抛弃其可能导致的一些消极影响，并给予现代意义的阐释和发挥，或许能够帮助人类社会少走弯路，缓减或匡正当今所存在的种种弊端。

例如庄子学说中所提倡的顺应自然"无以人灭天，无以故灭命"的思想，有利于我们更好地认识和处理人与自然的关系；又如庄子学说中所追求的破除客观条件和心理因素的束缚以实现精神"逍遥"的思想，对于我们更好地认识和处理身心问题，都将有所裨益。让我们专心地研究和聆听一下先哲的思想，或许会启发我们的智慧。

名人名言·读书

1. 外物之味，久则可厌；读书之味，愈久愈深。

      ——〔北宋〕程颐

2. 立身以立学为先，立学以读书为本。

      ——〔北宋〕欧阳修

3. 非学无以广才，非志无以成学。

      ——〔三国〕诸葛亮

4. 读书破万卷，下笔如有神。

      ——〔唐〕杜甫

5. 要知天下事，须读古人书。

      ——〔明〕冯梦龙

6. 书读百遍，其义自见。

      ——〔三国〕陈寿

7. 读万卷书，行万里路。

      ——〔北宋〕刘彝

8. 书到用时方恨少，事非经过不知难。

      ——〔南宋〕陆游

9. 旧书不厌百回读，熟读精思子自知。

      ——〔北宋〕苏轼

10. 书犹药也，善读之可以医愚。

      〔西汉〕刘向

第七章 《庄子》精华